お姫様になれる本

「かわいい❤」プロデューサー
たけい みき
Miki Takei

How to be a Kawaii Princess

サンマーク出版

Prologue

この世界は、おとぎ話以上に
素晴らしいお姫様であふれている

すべての女の子はお姫様

お姫様は、王家に生まれた女の子。
住んでいるのはお城。移動するときは馬車に乗り、美しい髪に
ティアラをのせて、きらびやかなドレスを身にまとう。
いるだけでその場が華やぎ、たくさんの人に大切にされ愛される、
魅力的なかわいい存在。そして、とっても幸せな女の子！

そう思っていませんか？
確かに、そんなイメージのお姫様は、おとぎ話に出てきますよね。
じつは、**この世界はおとぎ話以上に素晴らしいお姫様であふれているのです。**
そう、**あなたもほんとうはお姫様なのです！**

実際、いまも昔も、いろいろなところにいろいろなお姫様がいます。そして、物語にもさまざまなお姫様は登場しますよね。

でも、誰もが思い浮かべるお姫様の特徴は、

「尊くて、愛されていて、豊かで、美しい、特別な存在」

ではないでしょうか？

そう考えると、じつはすべての女の子に当てはまります（この本でいう「女の子」は、年齢は関係なくすべての女性を指しています）。

誰もが、無条件に尊く、愛される特別な存在です。

あなたもわたしも、女の子はすべてお姫様。これが真実です。

でも、多くの女の子は自分には価値がないと思い込んでしまっているのです。

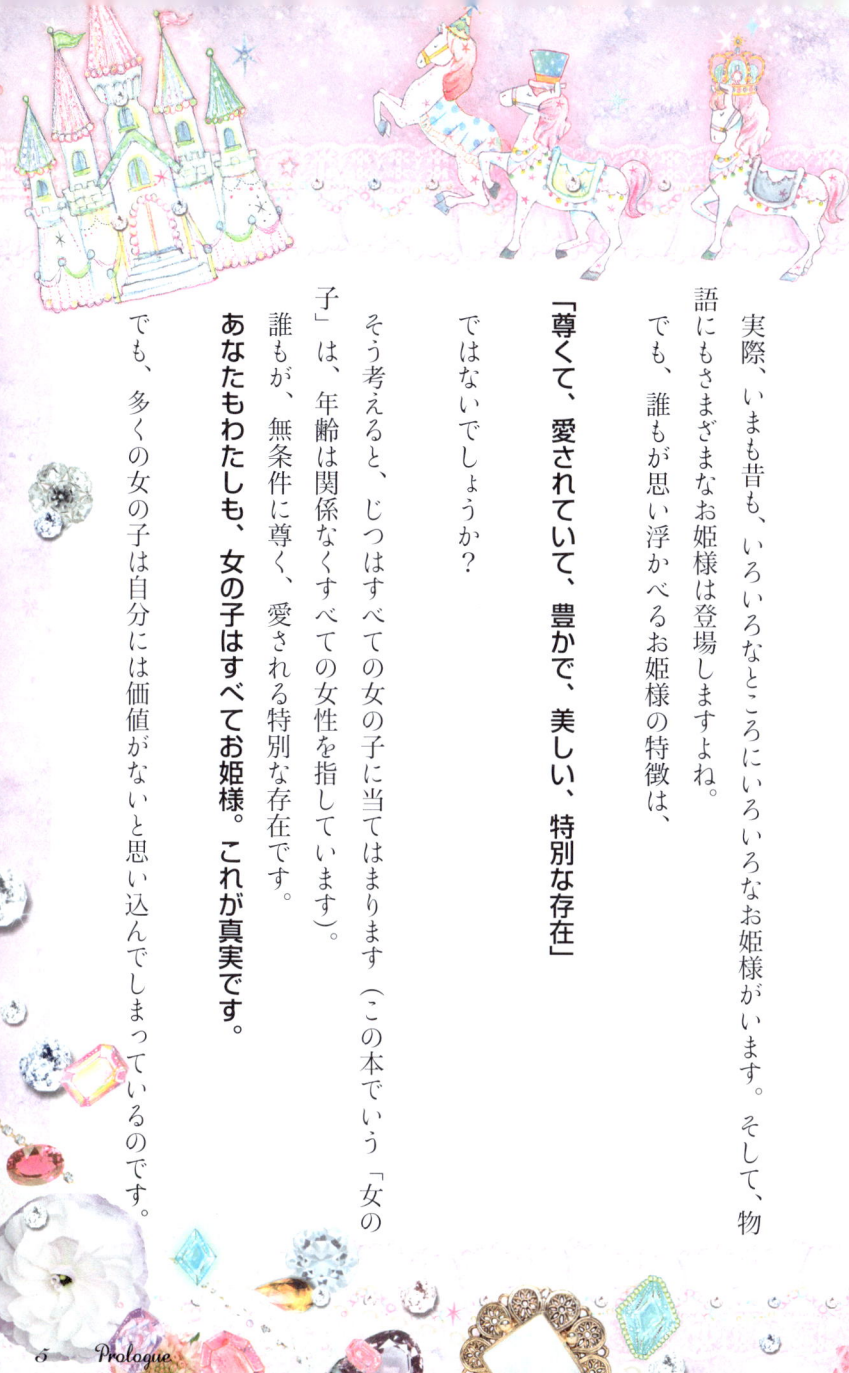

自分が「尊くて、愛されていて、豊かで、美しい、特別な存在」であることを心の底から気づくことができると、人生は確実に変わります。

この本でお伝えする**「お姫様」とは、女の子が確実に幸せになるための「生き方」**なのです。

そして、**このお姫様としての生き方の鍵は、「かわいい♥」にある**ことがわかったのです。

「かわいい♥」には幸せを引き寄せる「魔法」が宿っている！

わたしはイラストレーター、デザイナーとして「かわいい♥」を形にすることを仕事としています。

主に女の子に向けて、文具や雑貨などさまざまなグッズのデザインやプロデュースをするようになりました。

仕事を通して、突き詰めて考えるようになったことがあります。

「かわいい♥」とは何なのか?
「かわいい♥」とはどういうときに感じるのか?

もっとかわいくするにはどうすればいいのか?

ということです。そして、すべてに「かわいくなれ!」と魔法をかける気持ちでデザインしています。

そんなわたしの作品を見た方から、つぎのように言われることがあります。

「つわりがひどく苦しかったのですが、かわいくて一気に癒されました」
「精神的につらくずっとふさぎ込んでいましたが、外に出られるようになりました」

このように、「かわいくて、癒される」「かわいい作品をたくさん見て、自分が

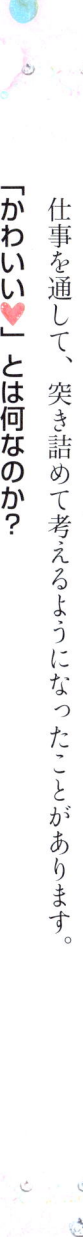

変わった」と多くの方々に言われるようになりました。

徐々に、**どうやらこの「かわいい♥」には、たくさんの素晴らしい秘密がある**ということに気がつきはじめたのです。


ここでお伝えしたいことは、わたしのイラストや作品だけがかわいいとか、不思議な力があるということではありません。

心から「かわいい♥」と思うことは、自分自身を喜ばせ、大切にし、かわいがることにつながるということがわかったのです。


「かわいい♥」とたくさん感じて、自分をかわいがることで、気分がよくなります。

あなたの心がハッピーになれば、それに引き寄せられるように、**現実にもたくさんのいいこと、ハッピーなことがどんどん起きてくる**のです。

その理由は、「心と世界はつながっている」から。

「波長の法則」や「思考は現実化する」という言葉通りの出来事が起こってくるの

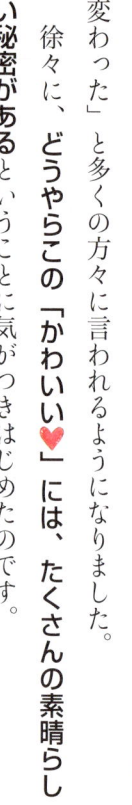

です。

自分と世界に「かわいい♥の魔法」をかけましょう

「かわいい♥」の効果はそれだけではありません。

「かわいい♥」をたくさん感じることは、自分をかわいがることにつながるため、**自分が尊い、愛される女の子だということを実感するようになります。**

さらに、まわりの世界や自分自身の中に「かわいい♥」をたくさん見つけることで、愛する才能が磨かれます。

すると、**あなたの心が豊かになり、魅力が内面から発揮される美しい人になります。**

そう、「かわいい♥」をたくさん感じることで、あなたは、**「尊くて、愛されて**

いて、豊かで、美しい、特別な存在」だと、心から気がつくことができるのです。

もうあなたもお気づきですね。これってお姫様の特徴ですよね？

これをこの本では、**お姫様になるための「かわいい♥の魔法」**としてご紹介します。

Chapter 1

「誰でも幸せなお姫様になれる」では、どんな人がお姫様なのか、どうすればなれるかをお話しします。

Chapter 2

『かわいい♥の魔法』を世界にかける～豊かで魅力あふれる美しいお姫様になる～」では、まわりの世界に「かわいい♥」を見つける方法をお話しします。

Chapter 3

『かわいい♥の魔法』を自分にかける～愛される特別なお姫様になる～」では、とにかく自分自身をかわいがるための方法をお話しします。

さあ、自分自身に「かわいい♥の魔法」をかけましょう！
本来のお姫様としての人生を歩みましょう!!

お姫様になれる本
Contents

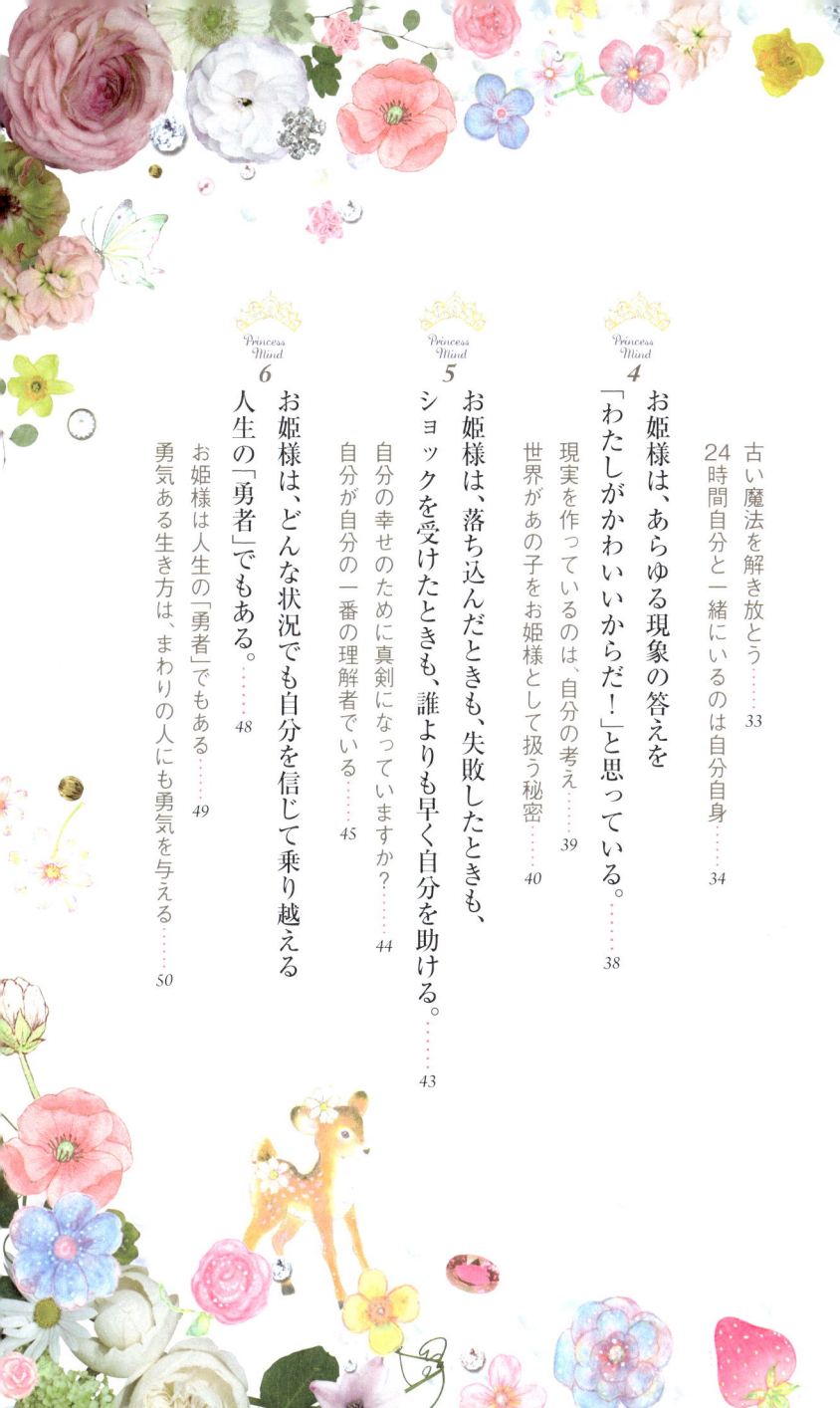

Chapter 2
「かわいい♥の魔法」を世界にかける
～豊かで魅力あふれる美しいお姫様になる～

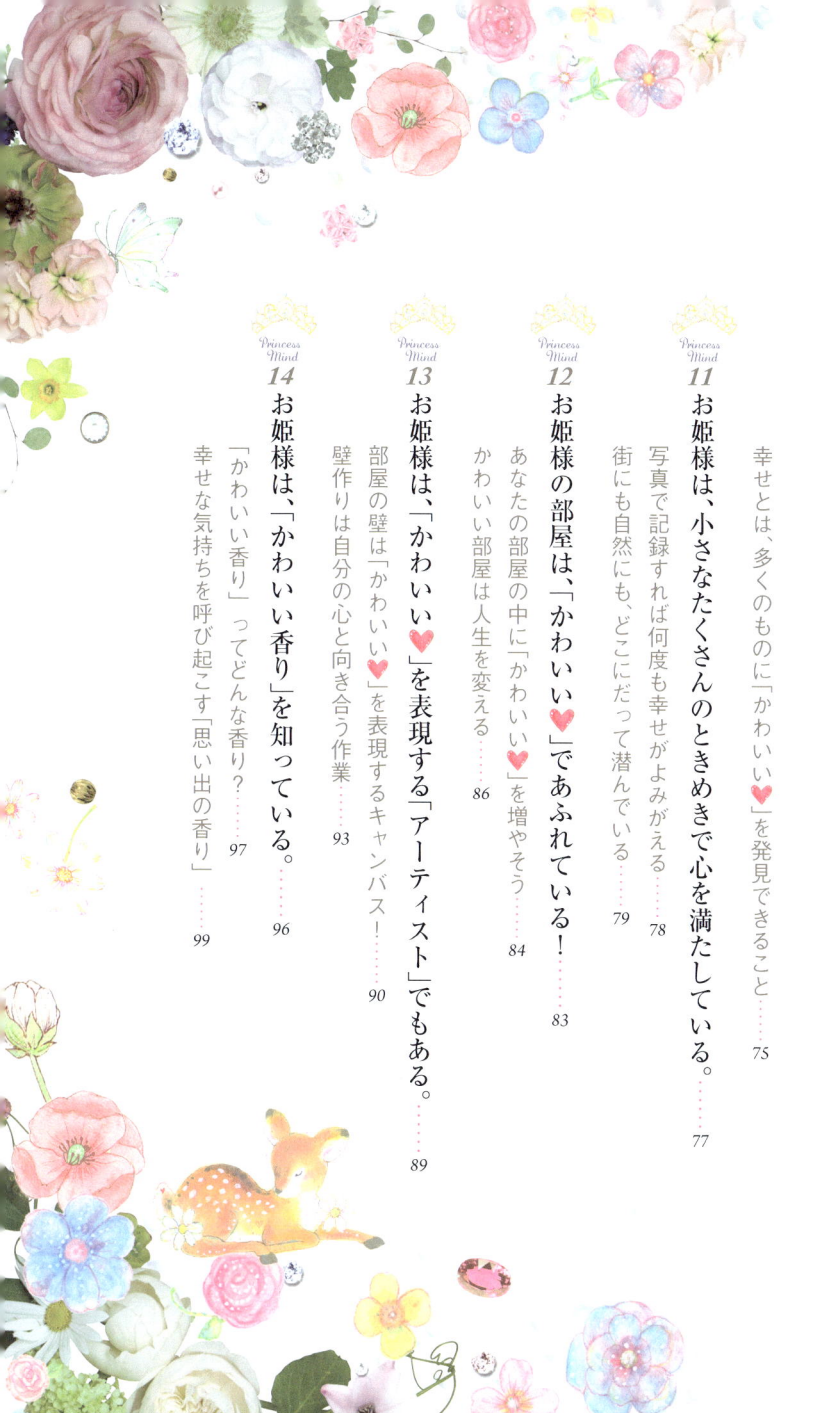

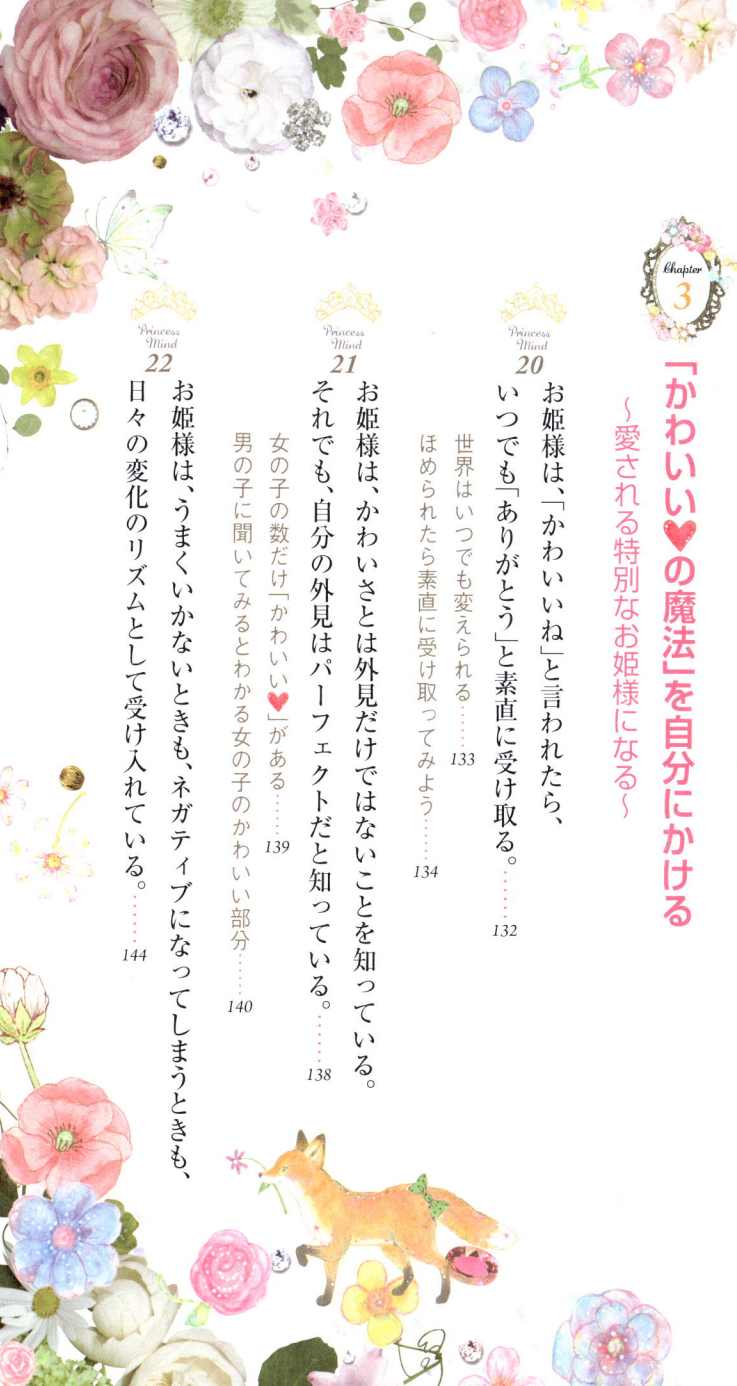

Chapter 3

「かわいい♥の魔法」を自分にかける
～愛される特別なお姫様になる～

ブックデザイン　土屋和泉
装丁、本文イラスト・写真　たけい みき
P186-187 写真　ヒトミ / PIXTA（ピクスタ）・MisaoN / PIXTA（ピクスタ）
本文DTP　朝日メディアインターナショナル株式会社
編集協力　株式会社ぷれす
編集　金子尚美（サンマーク出版）

Chapter 1
誰でも幸せなお姫様になれる

Princess Mind 1

お姫様は、自分を「特別な存在である」と知っている。

権利は平等に与えられている

「お姫様」というと、どんな女の子を思い浮かべますか？

＊世界から祝福されて愛されている
＊楽しそう、幸せそう
＊とても豊か
＊みんなのあこがれで魅力的
＊かわいい笑顔でまわりの人たちを幸せにする
＊まわりの人や、動物、自然に対して愛がある
＊優しくて勇敢

わたしがこの本でお伝えする「お姫様」とは、こんな素敵な女の子です。

「いいな、生まれながらのお姫様は」「わたしには無理」。

こんなふうに思いますか？

でも思い出してみてください。

まだ幼く、まわりの目や評価を気にしなかったピュアだったころ。

あなたも、そして誰でも、こうだったのではないでしょうか。


わたしはイラストレーターとして、動物や花、木の実などさまざまなイラストをたくさん描いていて、気づいたことがあります。

それは、**地球上にあるすべての命は尊くて、無条件で愛される特別な存在**だということです。


お姫様として生きることに特別な条件はありません。

年齢も境遇も国もまったく関係ありません。

このような**素敵なお姫様として生きる特権は、誰にでも平等に与えられていま**

す。それを知らぬ間に自ら放棄してしまっているとしたら、とてももったいないこと。

お姫様になるためのたったひとつの条件

お姫様として生きる条件は、ただこの一点で決まります。

それは、**自分自身を「特別な存在であると知っている」かどうか**です。「かわいくて愛される存在」として、自分自身を大切にしているかどうかです。

お姫様とは、その人のあり方、生き方なのです。

それは誰に決められるものでも、決めてもらうものでもありません。

何よりも大事なのは、わたしたち一人ひとりの選択である、**「どのような自分を生きるか」**だけ。

自分のストーリーは自分で決めていいのです。

自分を楽しみ、自分の可能性を発揮していくことに、年齢や環境は関係ありません。

ただ必要なことは、自分は特別な存在なんだと思い出し、心から自分を信じることです。

それができると、幸せを感じて生きることができます。

それこそが、あなたらしい素敵なお姫様としての生き方なのです。

Princess Mind 2

お姫様は、「かわいい❤の魔法」でルンルンな出来事を引き寄せている。

「かわいい♥」には魔法の力がある

自分は「特別な存在である」と気づき、幸せなお姫様ストーリーを生きるために、大切なこと。

それは、どんな自分でも、かわいがって大切な存在として扱ってあげること。

「自分をかわいがる」「大切に扱う」とは、**自分を楽しませて幸せな気持ちをたくさん感じさせてあげること。**

そうすると、エネルギーがアップします。

エネルギーがアップすると、いろいろなことに挑戦したくなったり、どこかへ出掛けたくなったり、人に優しくしたいという気持ちがあふれてきます。

瞳はイキイキときらめき、肌もピカピカと輝きます。

見えないけれど、きっとあなたを覆うオーラと呼ばれるものも大きくなるかも。

自分自身を大切に扱う一番簡単な方法は、わたしたち女の子が大好きな「かわいい♥」をたくさん感じること。

「かわいい♥」とは、わたしたちを幸せにしてくれる魔法。

その力は、はかりしれません！

わたしがわたしでいることは素敵なこと

わたしはイラストレーターとして、女の子の「かわいい♥」を形にしています。

そのため、たくさんの女の子や、女の子が「かわいい♥」と感じるものについて観察し研究しています。その中で気づいたことがあります。

かわいいものに出会った瞬間の女の子たちは、どの子も最高にいい笑顔になります！ まわりの空気も一気に明るくなります。

わたしのイラストを見た方からも、つぎのように**「かわいい♥」を素直に感じ**

たことで幸せになったという感想がたくさん寄せられています。

「かわいいものが大好きという気持ちを認めたら、自分を愛することができるようになった」

「かわいいものをお店で見つけて、それがどうしても欲しくてお仕事のモチベーションが上がった」

「かわいいものを持っていたら、友達と共通の話題が増えてもっと仲良くなれた」

「かわいいものに出会ったら『あの子も喜ぶかも』とプレゼントをしたくなった」

わたしは、「かわいい♥」は、女の子たちに幸せの連鎖を起こしているということを確信しています。

「かわいい♥」と感じるごとに、エネルギーがあふれごきげんになります。

そして、「波長の法則」の通り、ごきげんな感情でいるとルンルンな出来事がやってきます。

「かわいい♥」を、あなたのまわりの世界にたくさん感じましょう。
もちろん、自分自身にたっぷりと感じていきましょう！
それは、自分自身を大切に扱うことになります。

それを重ねるたびに、**「わたしがわたしであることは素敵だな」と、自分に対するイメージがポジティブに変化**します。
本来の素敵な、そして真実の自分にチューニングできるのです。
そのうち、本来の「自分自身は特別な存在」という、お姫様の生き方を歩めるようになるのです。
わたしは、これを「かわいい♥の魔法」と呼んでいます。

Princess Mind 3

お姫様は、どんなときでも自分を応援し、
ほめたたえ、味方でいる。

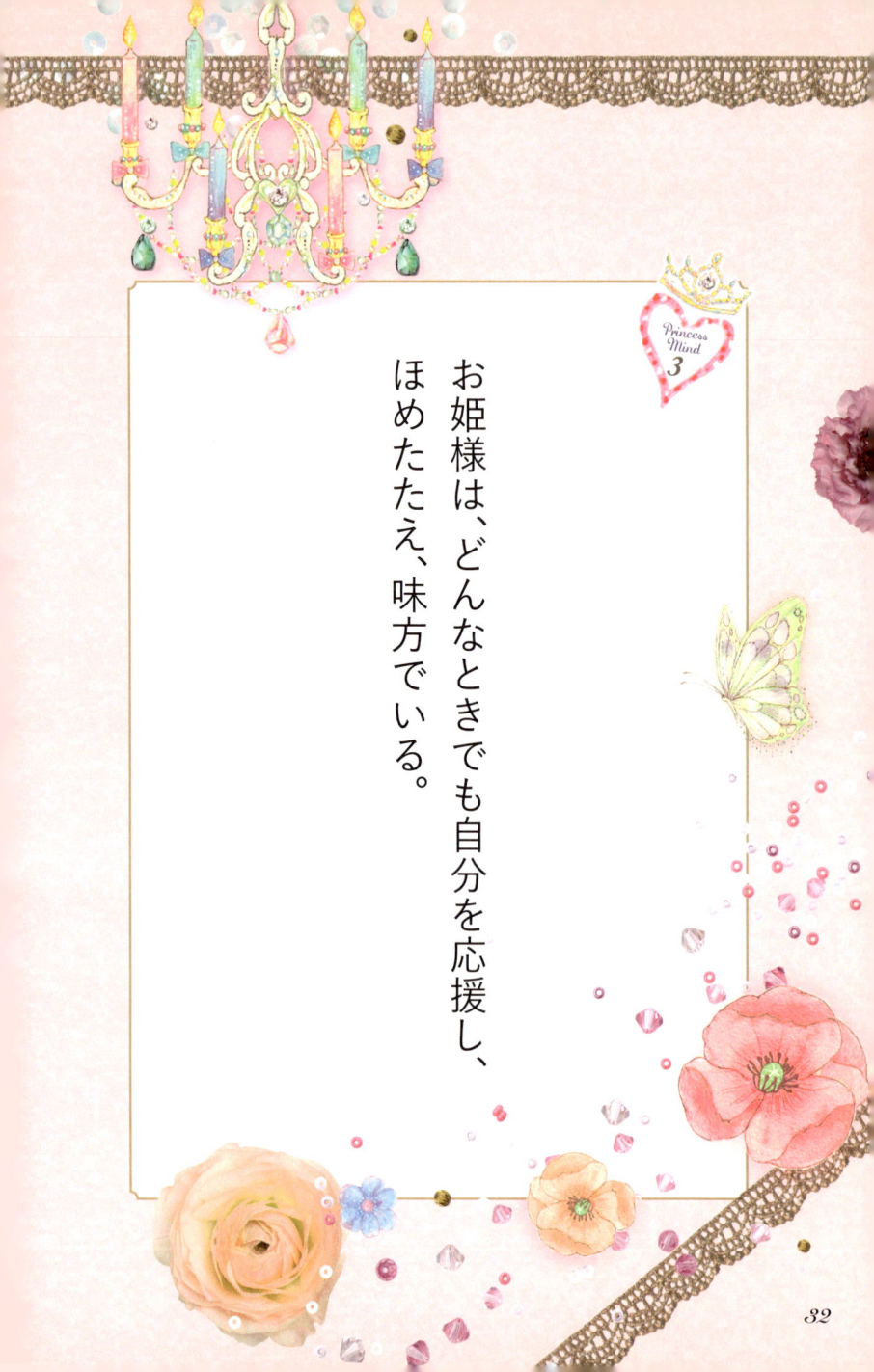

古い魔法を解き放とう

「自分が大好き」
「自分のことをかわいいと思っている」
このようなニュアンスに、引いてしまうところがありませんか？

それは、**「自分はお姫様なんかじゃない」という幸せな人生をはばむ「古い魔法」です。**

「自分自身を愛すること」に対するさまざまな心のブロックがあると、本来のお姫様の生き方ができません。

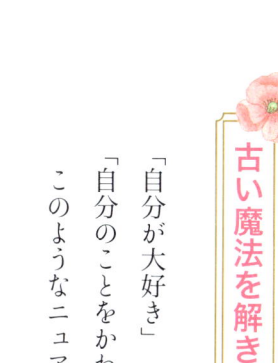

ひとつずつはずしていきましょう。

心のブロックのひとつに、「謙遜すること」を間違ってとらえてしまっていて、自分はまわりより劣っていると言わなければいけないと思い込んでいるのかもしれません。

でも別の国の文化ではどうでしょう？　別の時代だったら？

他の人は違う価値観かもしれません。

他人の反応や顔色を窺《うかが》ってばかりで、「自分が好き」ということを口に出すことをはずかしいと感じてしまうなんて、よくよく考えると不思議な風潮ですよね。

真実は、「自分にとって世界で一番大切なかわいい存在は自分」なのです。

それが当たり前のことだと気がつけたら、あとは「わたしは自分が好きじゃない」という嘘《うそ》をつくのをやめるだけです。

24時間自分と一緒にいるのは自分自身

じつはわたし自身、少し前までこうでした。

「自分を好き」だとか「自分をかわいいと感じる」ということに抵抗感たっぷり。

頭の中ではいつも誰かと比較して自信をなくしてしまうこともしばしば。

「なんでこんなこともできないんだろう。なんてダメなんだろう」

そんなふうに考えて、過去の失敗をずっと引きずってしまって、抜け出せないこともありました。

「わたしなんて全然かわいくない……かわいくないから愛されない」

そう思い込む習慣がありました。そしてそれはあまりにも普通なことで、おかしいとも思いませんでした。


でも、ふとしたことがきっかけで、わたしは変わりました。

それは友達のこんな言葉です。


「24時間自分と一緒にいるのは自分自身。もしその一番近くにいる人が、自分を否定しつづける人だったらどう思う？わたしだったら、そんな人と絶対一緒にいたくないって思うけどね（にっこり）」

そう言われて、ハッ！　としました。

自分を台無しにしてしまい、自信を失わせつづけてしまっているのは、「わたし自身」だったのでした。

わたしはずっと自分に、「あなたはそのままじゃ愛されないのよ。ちっとも素敵じゃないから、少しはましになるように努力しなさい」と言いつづけてきたのです。毎日自分にしてしまっているこの習慣は、**自分いじめをしているひどい習慣**だと気づいたのです。

いま考えると、かわいそうすぎて泣けてきちゃいます。

それ以来、わたしは自分との関わり方を意識的に変えていきました。

ずっとしてきたことを自分に謝りました。

いまでは、**どんなときでも自分を応援し、ほめたたえ、味方でいてあげています。**

それが「自分を好きになる」第一歩。

自分を愛することになるとわかったのです。

すると、「わたしは無条件で愛される、かわいい存在なんだ」というように、自分自身のとらえ方も変化してきました。

この安心感は、とても心地よいものです。

これはわたしの例ですが、あなたはいかがでしょうか？

これに気がつくことができれば、いくらでも自分の選択で人生を変えていくことができます。

Princess Mind 4

お姫様は、あらゆる現象の答えを「わたしがかわいいからだ！」と思っている。

現実を作っているのは、自分の考え

「思考は現実化する」

こんな言葉を聞いたことはありませんか？

頭の中で考えていることが現実に起こるという「宇宙の基本法則」です。

いつでも**わたしたちの現実を作っているのは、わたしたちの考え**なのです。

そして、思考の通りのものが目の前にあらわれているのです。

じつは一番大事なことは、「あなたがあなた自身をどのような存在としてとらえているか」なのです。それですべてが決まります。

まわりの世界は、あなたが自分を扱った通りに、あなたを扱うのです。

そのわかりやすい例をご紹介しましょう。

世界があの子をお姫様として扱う秘密

わたしの子どものころからのある友達は、まさにお姫様。

クラスの人気者で、男の子からもすごくモテるアイドルのような存在。

おしゃれでかわいくてユーモアセンスもたっぷり。

明るくて楽しくて、いつでもどこでも主役のような女の子。

みんなが彼女のことを大好きになってしまうのです。

大人になって、

「あなたはまさにお姫様だったけれど、それには何か秘密があるの？」

と質問してみると、とてもおもしろい答えが返ってきました。


「わたしはいつも両親から、どんなときも『かわいいね』と言われて育ったよ。だからほんとうに世界で一番自分がかわいいんだと思っていた。鏡に映った自分を見て、『ほんとうだ！　わたしってなんてかわいいんだろう。どうしよう！』と怖くなってしまうくらいだったの（笑）」と話してくれました。

そして彼女は、あらゆる現象……たとえばお店の人が優しくしてくれた、いいことがあった、男の子と目が合ったなどの出来事を、

「ああ！　まただ！　わたしがかわいいからだ！」

と受け取っていたのだと教えてくれました。

「だからいつでも自分のことが大好きだったし、テストの点が悪くても、誰かに嫌われても、自信を失うようなことはなかった」という話を聞かせてくれました。

彼女はまさに、**自分のことを「無条件で愛される、かわいい存在なのだ」と確信して扱っていた**のです。

そして**その思考が「みんながわたしを好きになるのは当然のこと」という、自**

分の現実を作り上げていたのですね。

自分にどんな価値があって、どんな存在なのかということを決めるのは、親でも先生でも、恋人でも親友でもありません。**いつだって、あなた自身です。**

「魅力的で、愛される、かわいくて素敵な女の子」

これは、特別な人だけが手にできる特権なのでしょうか？

答えは、ＮＯ！　です。

もしそう思い込んでしまっているとしたら、とってももったいないことです。

あなたはあなたの物語の主役です。

どのようなキャラクター設定を自分でしているのでしょうか？

もしあなたの人生において、あなたが不当に扱われている、愛されていないと感じているのなら、自分がもっている自己像を一度チェックしてみましょう。

そして、魅力たっぷりの本来の自分に書き換えてしまいましょう。

Princess Mind 5

お姫様は、落ち込んだときも、
失敗したときも、
ショックを受けたときも、
誰よりも早く自分を助ける。

自分の幸せのために真剣になっていますか？

どんなときも、何よりもまず、自分自身をかわいがること。

これが、お姫様としての人生の第一歩です。

自分をかわいがるとは、**どんな自分でも「かわいい♥」と感じて大切にすること**です。

ネガティブな状態も、ポジティブな状態も、どちらのときも自分を認めてあげること。それが、ほんとうの意味で自分をかわいがるということなのです。


ハッピーなことがあったときはもちろん、自分のことを祝福します。

困っているときは、自分に手を差し伸べます。

失敗してしまったときは、自分自身を励まします。

何かにチャレンジしたいときは、自分を応援します。

とてもショックなことがあったときは、一緒に泣いてあげます。
悩んだときには、自分のために解決策を考えます。
がんばったときは、「精一杯ベストを尽くしたね！」と自分をほめてあげます。
落ち込んでしまったときは、自分の気持ちに寄り添ってあげます。

自分の幸せのために、大好きな自分のために、いつも真剣です。

「どんなわたしでも、ＯＫなんだよ。いつもあなたは素敵なんだよ！」と自分で自分に言ってあげましょう。

自分の味方、自分の一番の理解者であることは、自分に対する無条件の愛があるということです。

自分が自分の一番の理解者でいる

わたしもこの習慣をはじめてから、プレッシャーがかかる仕事をいただいたと

きこそ、

「大丈夫！　ここまでやってきたんだから、きっとみきちゃんならできるよ！素敵なデザインに仕上げよう！」

と鏡に向かって自分を励まします。そして、大仕事が終わったときは、

「ありがとう！　ほんとうによくがんばったね。すごいよ！　素敵すぎる！　ゆっくり休んでね」

と鏡に向かってねぎらいます。

初めは抵抗がありましたが、**一度やってしまえば心がふわっと楽になり、やらずにはいられません。**

ちなみにこの台詞《せりふ》は、わたしの幼なじみの子の台詞を借りています。彼女は、ほんとうにほめるのが上手な女の子なのです。

毎日その子にほめてもらいたいくらいですが、それは無理なので自分で言っています（笑）。

わたしが心理学を学んだ、日本メンタルヘルス協会の代表である衛藤信之先生もおっしゃっていました。

「自分の一番の理解者が身近にいる人は、ストレスに強い。だから一番自分に近い、自分自身のセルフラブが大事」

自分が自分の一番の味方でいてくれるという事実は、どんなことよりも頼もしいのです。

この内面の状態こそが、本領を発揮させてくれる土台になるのです。

いつでも自分の一番の味方でいてあげること。

そして、自分にできることは、人にもできるのです。

Princess Mind 6

お姫様は、どんな状況でも
自分を信じて乗り越える
人生の「勇者」でもある。

お姫様は人生の「勇者」でもある

「この人素敵だな」と感じる人はいませんか?

その人は、ただ外見的にきれいとかかわいらしいから素敵なだけではないはずです。

やっぱり、**内面からあふれ出てくるものが魅力になっているのですよね。**

それまでの人生での経験、いままで考えてきたことが外面にもあふれ出てくるのです。

いろいろなことを乗り越えて、いまの素敵な輝きがあるのです。

その人その人の素晴らしい、お姫様ストーリーがあるのです。

どの人も深く聞いてみると、素晴らしい宝物をいっぱいもっていることがわかります。そして同時に、人に言えない想いがあります。

この世につらいことを経験したことがない人なんて、存在しませんよね。

一見、とってもかわいいキラキラの笑顔で微笑みかけてくれる素敵な女の子が、心の中では泣いていることだってあります。

勇気ある生き方は、まわりの人にも勇気を与える

わたしの友達に、とてもかわいくて勇敢なお姫様がいます。

彼女は、癌《がん》転移の告知を受けました。

わたしはずっと近くで彼女を見ています。ご病気になられてからいっそう、その人本来の命が美しく輝きはじめたのを感じています。


「生きる」ということに対して真剣で、**自分の内面と向き合い、まわりを全力で愛そうと切《せつ》磋《さ》琢《たく》磨《ま》しているその人は、ほんとうに美しい。**

女性として心から尊敬しています。

彼女の生き方、生き様は、いつもわたしに「生きる意味とは何か」「愛とは何か」「何がほんとうに大切なのか」ということを教えてくれます。

彼女と一緒にいることで、私の中の「人を愛すること」「人前で涙を流すこと」がはずかしくて苦手という心のブロックがはずれました。

そんな彼女は誰よりも笑顔がかわいらしく、いつもキラキラ笑っています。

時に、「なんで自分だけこんなつらいことが……」と思ってしまうようなことがあるかもしれません。

そんなときは、誰よりも、あなたがあなた自身の味方になってください。

逃げずに立ち向かっているとき、あなたは勇敢なお姫様になっているのです。

そして、その勇気ある生き方は、誰かの秘めたる大いなる力を呼び覚ますことができます。わたしたちは、とても**素敵な影響をお互いに与え合って、切磋琢磨して磨き合っている存在**なのです。

どうか、すべての方が誇りをもって生きてくださいますように。

World Lo
Never give up!!

Princess Mind 7

お姫様は、どんな願いも
自分でかなえつづけている。

あなたの願いをかなえつづけてくれる人は誰？

この世で、あなたを一番ごきげんにさせてくれるのは、誰でしょう？
恋人でも、家族でも、友達でもありません。
ここまで読んでいただいたあなたは、もうおわかりですね。
24時間あなたと一緒にいてくれる、あなた自身です。

さあ！　かわいいあなたの願いをかなえましょう！
いつも自分に問いかけてみてください。

わたしが幸せになることはどんなこと？
わたしが好きなものは何？
喜ぶことは何？

楽しい気持ちになることはどんなこと？
どんな人が好きで、誰に会いたいの？
どんな場所へ行って、どんな経験をしてみたい？

どうしたら自分が笑顔になるのかいつも注目して、自分を知ろうとすることが大事です。

自分が好きなこと、楽しいこと、喜ぶことをすることを自分に許可してあげるのは自分なのです。

自分で自分を満たせないとどうなるでしょう？

親や恋人などまわりの人に「してもらう」ことを求めてしまいます。

そして、**期待通りいかないと、とても苦しい気持ちを生んでしまう**のです。

「もっとお母さんにはこうしてほしい」

「なんで彼はこうしてくれないの?!」

こんな考えでいたら、いつまで経ってもほんとうの自分の喜びを満たせず人生を楽しめません。

まずは小さなハッピーを選択していく

わたしはかつて、人に求めていることさえ気がついていませんでした。

自分の好きなことをしてばかりいると「わがままでダメなやつと思われ怒られる」とそう信じていました。

わたしはこの古い習慣と考え方を変えました。

まず、**自分がハッピーになることを小さいことから一つひとつ最優先に考えるようになりました。**

好きなお花の季節は、カメラを持ってお出掛けをします。

生き物が好きだから、一緒に暮らすという夢をかなえます。

静かな環境で仕事がしたければ、図書館で一日過ごします。

おしゃれが大好きだから、自分を満たすとびきりかわいいものを探しに行きます。

体を動かすのが好きだから、おもいっきり飛び跳ねます。

おいしいものを食べることが大好きだから、人を誘って食事をします。

旅行が好きだから、計画を立てて旅に出ます。


あるとき、いつもキラキラ輝いている大好きであこがれの女の子に、この気づきを話しました。

すると「！」という顔をして、**「わたしは携帯のメモ機能に、自分の好きなことやりたいことをリストアップしているよ」**と教えてくれました。

やっぱり素敵な人の習慣だったのですね。


好きなことをして、したいことをすると、幸せを感じます。

喜びがあふれます。

好きなことをするのは当たり前ですか？

でも、**あなたはいまほんとうに好きなことをできていますか？**


好きなことをすると、嫌なことがあっても気にならなくなったり、どんなことでもハッピーにとらえたりできるようになります。

心が喜びに満たされていれば、エネルギーも満ちます。

ちょっとやそっとのことは、なんとでもなるのです。


かわいいあなたのかわいいお願いごとをかなえてあげられるのは、いつだってあなた自身なのです。

あなたの好きなことは何ですか？　やりたいことをやりましょう！

そうすれば、お姫様であるあなたの幸せな笑顔は、必ずまわりに調和と豊かさをもたらします。

Princess Mind 8

お姫様は、まわりのたくさんの「かわいい♥」を愛している。

かわいいものを大切にすることは「愛する才能」を伸ばす習慣

誰からも愛される人を「うらやましいな」と思って見ていて、気がついたことがあります。

愛されている人は、ものすごくまわりを愛する人だということです。

愛を知っている人は、愛されることもできる人なのです。

女の子は小さなころから、「愛するレッスン」が自然とできています。

「かわいい♥」という感情をたくさん感じて生きています。

じつはそれは**お姫様としての才能である「愛する力」**なのです。

「かわいい♥」と感じるときはどんなときでしょうか？

そして、どんなものに対して「かわいい♥」と感じますか？

わたしたちにとって「かわいいもの」とは、「無条件で愛せるもの」。

「かわいい♥」とは、それに対して自然に起こる反応です。

まわりの世界に**「かわいい♥」を多く発見できるということは、それだけ自然に他者や身のまわりのもの、世界を無償の愛で愛すること**ができるということなのです。

自分にとって「かわいい♥」と感じるものを大切にする行為は、愛する力を育むこと、愛する才能を伸ばす習慣なのです。

目の前のかわいいものを大切にすることは、自分以外を愛することなのです。

いまのあなたの世界にかわいいものは、どのくらいあるでしょうか？

あなたの愛を感じるかわいいものは？

わたしのまわりのかわいい女の子を見ていると、**「無条件の愛を注ぐ対象」が身近に多く存在している**ということに気づかされます。

「自分以外の何か」を大切に慈しむという心は、ほんとうにやわらかくて、包み込むような愛そのものです。


愛すべきお子様がいらっしゃる方は、お子様に対して。

動物が家族の一員の方は、その子に対して。

お庭にきれいなお花をたくさん咲かせている方は、そのお花に対して。

おばあさまからもらった人形を大切にされている方は、その人形に対して。

たくさんのきれいな旅の写真を宝物にされている方は、その写真に対して。


「大切にしたいもの」は、愛を感じるかわいいもの。愛の象徴なのです。

「かわいい♥」と感じるものがあったら、「これはわたしにとって、大切にしたいものなんだな」と感じてみてください。

それができれば「他の人にも同じように大事にしたいものがある」ということが当然だとわかります。自分自身の優しさにたくさん気づけますよ。

Princess Mind 9

お姫様は、
人の「かわいい♥」も大事にしている。
でも、「自分にとってかわいいもの」を選ぶ。

自分にとっての「かわいい❤」感覚を信じる

お姫様は、自分にとっての「かわいい❤」感覚を信じています。

「かわいい❤」と感じるものが、自分を幸せにしてくれることを知っているからです。

「これを選ぶと相手にどう思われるか」や、「まわりがいいと言っているから」とかではなく、**自分が「かわいい❤」と感じるものが、一番正しい**のです。


あなたにとって一番ここちよいものを選ぶこと。

一番ときめくかわいいものを選ぶこと。

一番ふさわしいものを選ぶこと。


自分を深く知ろうとし、わかってあげることは、自分を愛することになるのです。

一人ひとりの幸せの形が違うように、一人ひとりを幸せにする「かわいい❤」の形は、人の数だけあります。

洋服やアクセサリー。

鞄《かばん》の中身。

部屋に飾るもの。

何かを選ぶときに大事なのは、いつも「わたし」。

いつでも自分にとっての「かわいい❤」を認めてあげましょう。

これが**自分に対してできていれば、他の人に対しても自然に、同じように認めることができます。**

「みんな違って、みんなかわいい！」が魅力を作る

いろんな好みの女の子がいて当たり前。

いろんな趣味があって当たり前。

アニメのコスプレが好きな女の子もいれば、車やバイクが好きな女の子もいる。ギャルメイクが似合う女の子もいれば、スウィートでガーリーなファッションの女の子もいる。

みんな違って、みんなかわいい！

これが世界をおもしろく、楽しむコツなのです。

多様性を認めることができれば、他のジャンルの人にも興味をもつことができます。違いを楽しむことができるのです。

自分の中にある「かわいい♥」の感覚を大切にしていれば、まわりの「かわいい♥」も自分に上手に取り入れることができます。

そうすれば、あなたはもっと魅力的な女の子になります。

もちろん、人からどう思われるだろう……という心理は誰にでもあります。

好きな人からは、かわいいと思われたいのが乙女心です。

「それかわいいね！」とまわりからほめられると、誰でもうれしいものです。
その気持ちは大事にしていいのです。

それでも、人からどう思われたいかを最優先にすることはありません。
誰に何と言われても、思われても、**自分にとってかわいいものが最強にかわいいもの**なのです。

それが、**自分を心の底から喜ばすもの**なのです。
自信をもってかわいいものを選びましょう。
あなたの「かわいい♥」を楽しんでくださいね。

わたしが「かわいい❤」と感じ、わたしを
心の底から喜ばせてくれる「多肉植物」
ちゃん。

Chapter 2

「かわいい♥の魔法」を世界にかける

～豊かで魅力あふれる美しいお姫様になる～

Princess Mind 10

お姫様は、世界中からたくさんの「かわいい♥」を探す名人。

世界はもっとカラフルに輝きだす！

幸せを感じる「かわいい♥」は栄養になります。

わたしたちは目から、耳から、鼻から、口から、皮膚から……**感覚器官のすべてで「かわいい♥」を食べています。**

何かに対して「かわいい♥」と感じる心の動きは、すべての人、一人ひとりにある感覚です。そしてその対象は人の数だけあるのです。

自分の世界に、自分を幸せなエネルギーで満たす「かわいい♥」がひとつでも多く増えたら、素晴らしいと思いませんか？

＊世界の中にかわいいと感じるものを増やすこと

＊かわいいとたくさん感じること

まずは、これを楽しみましょう。


地球にとってはすべてかわいい我が子です。

じつはこの世には、かわいいものしか存在していません。


より多くのものを「かわいい♥」と感じることができるようになったら、いままで見ていた世界はモノクロのような世界だったと感じるでしょう。

わたしたちは、すべての存在の中にキラキラな光を見る力を宿してこの世に生まれてきました。その才能を発揮しましょう！

そうすれば、世界はもっとカラフルに輝きだします！


すべてはかわいい。

そんな目で世界をとらえはじめると、**毎日は「かわいい♥」の発見の連続**です。

かわいいものは、日常の中にものすごい数、見つけることができるのです。

幸せとは、多くのものに「かわいい♥」を発見できること

わたしの幼なじみの友達は、「この世にはかわいいものしか存在しない」ということを意識しはじめて1週間後、

「みきちゃん、『かわいい♥』はそこら中にあったよ!」

という名言を生み出しました。

これは、**脳が「ある」を前提に世界を見るから見つかる**のです。

わたし自身、以前よりも圧倒的に「かわいい♥」と感じる対象が増え、より広いかわいい世界をイラストやデザインで表現したいと思う変化が起きました。

そして、**より多くのものに対して「かわいい♥」を発見できることが、ほんとうの幸せなのだ**ということがわかりはじめました。

より多くのものを愛することができる自分に変わっていくのは、とてもいい気持ちなこと。

昔はすごく苦手だった昆虫の中にさえも、「かわいい♥」を見つけることができるようになってきたのです。

「怖い！」「気持ち悪い！」というマイナスの感情よりも、「かわいい♥」という感情をたくさん選択できることの方が、人生は楽しくなりますよね？

苦手だった昆虫の中にも「かわいい♥」を
見つけることができるようになりました。

Princess Mind 11

お姫様は、小さなたくさんの
ときめきで心を満たしている。

写真で記録すれば何度も幸せがよみがえる

かわいいものを探して、かわいいものを増やしてみましょう。

そうすることで、「かわいい♥」と感じる心を養うことができます。

心の動きに敏感になると、心と毎日が豊かになります。

あなたにとってスペシャルな「かわいい♥」をたくさん感じて、そのエネルギーで自分を幸せにしましょう。

わたしのおすすめは、**日常の中の「かわいい♥」を写真に撮ること**です。

記録することで、あとから画像や写真を見たときに、何度も幸せを感じることができます。

わたしの場合はまず iPhone で気軽に撮ることにはまり、長期の海外旅行をきつかけに、ミラーレス一眼カメラを購入しました。

ただ視界に入っているだけでは「風景」としてとらえていたものを、**「素敵なものを探す」という意識で向かい合うだけで別世界になる**のです。

「かわいい♥」や「素敵！」を見つけた瞬間、心がときめきます。

幸せでいっぱいになり、シャッターを切らずにはいられません！

街にも自然にも、どこにだって潜んでいる

街には、数えきれない「かわいい♥」が潜んでいます。

かわいい街並み。

手芸屋さんにある、いろんな色に光るビーズや色とりどりのリボン。

きれいに並べられたたくさんのマニキュアやリップ。

大好きなカフェの照明やインテリア。

スイーツショップに並んだたくさんのキャンディーの色。

ショーウィンドウ越しの素敵なインクの陳列棚。
お気に入りブランドの新作スカートの模様。
人の生み出したかわいいものに、何度胸が「きゅん♥」となったことでしょう。

同じように、**自然の中にも数えきれない「かわいい♥」が潜んでいます。**
満開の時期、視界いっぱい広がる桜。
野原にひっそりと咲く、一輪の花。
美しい海岸に落ちている珊瑚《さんご》のかけら。
見たこともない昆虫の透明な羽根。
鈴なりになったさくらんぼやトマト。
鳥のさえずりと、木々の木漏れ日。
鹿の親子。きつねやたぬきのかわいらしい後ろ姿。
自然界に存在するものの愛らしさには、ほんとうに心を動かされます。

写真に撮って、あなたの「かわいい♥」をいっぱい集めましょう。

自然なものも、人が作り出したものも、どっちも「かわいい♥」はあるのです。

いつだって、この世界は、わたしたちを喜ばせてくれます。

いままでNOだったものがOKに変わること、そして**気がつかなかったものを「かわいい♥」と感じるようになることは、人生が変わるほど素敵なこと**です。

かわいいものを、発見する意識になると、どんどん自分を幸せにする「かわいい♥」を見つけることができるようになります。

この習慣、少しだけ毎日に取り入れてみませんか？

Princess Mind 12

お姫様の部屋は、「かわいい♥」であふれている！

あなたの部屋の中に「かわいい♥」を増やそう

あなたの部屋は、あなたそのものです。

あなたを幸せにする「かわいい♥」でいっぱいの部屋作りをしましょう。

あなたを居心地よくさせ、楽しませてくれるように、そしてごきげんで幸せでいられるように、いますぐできることからはじめましょう。


ここでもポイントは、「かわいい♥」をキーワードにすることです。

あなたを幸せにする、**かわいいものをお部屋に増やすことで、いいことがたくさん起きます！**


いまのあなたの部屋を見回してみましょう。

あなたを幸せにする「かわいい♥」はいくつあるでしょうか？

たとえば、お部屋で過ごすルームウェア、パジャマ、ルームシューズのデザイン。
髪の毛をまとめるシュシュやアップにするヘアバンドの素材や柄。
カーテンやベッドカバーにクッションの色合い。
普段使うものが「かわいい♥」ものであるだけで、どれくらいわたしたち女の子のテンションが上がることでしょう！

お部屋に飾ってあるものはどうでしょうか？
窓辺できらめくサンキャッチャー。
ふわふわもこもこ素材のぬいぐるみ。
机の上に飾られた色とりどりの花。
お気に入りの香りのキャンドル。

実用的なもの、実用的でないもの関係なく、かわいいものというものはわたしたちを幸せにしてくれます。

かわいい部屋は人生を変える

以前のわたしは、部屋で過ごす時間の重要性を軽視していました。

あるときから、意識的に**かわいいものを部屋に招き入れるようにしました。**


ベッドの上にぬいぐるみを置き、かわいい絵を買って飾る。

友達にもらった装丁がきれいな絵本や、妖精の人形を飾る。

かわいいレースとリボンのルームウェアに買い替える。


すると、**人生の幸せ度が上がるのを感じました。**

自分が普段長く過ごす空間で「かわいい♥」を感じて心を満たすことが大事だと実感しました。

かわいいものに囲まれて過ごすだけで、自分のごきげんが取れ、疲れていても元気になる気がします。

眠る直前にもそれらのものが目に入ると、幸せな気分で安心して眠りにつけるのです。

掃除をするときにも、かわいいものがあるとやる気が出ます。

「かわいいもののまわりはきれいにしてあげたい」という気持ちが、自然とわいてきます。


また、お部屋の一角にお気に入りのかわいいものだけを集めた「かわいい祭壇」を作ることもおすすめです。

小さなスペースをかわいくすることで感性が磨かれます。

友達が育児中の専業主婦だった大変なときに、「日常の中に大好きで『かわいい♥』というものがあると、それだけでがんばれるんだよね」というお話をしてくれました。

かわいいものは、あなたの無条件の応援者でもあるのです。

もちろん、部屋だけでなく、日中オフィスで仕事をされる方は自分のデスクまわり、車で移動される方は車の中に、かわいいものを招き入れませんか？

わたしたちが普段過ごす場所の中で、「かわいい♥」を感じるチャンスはたくさんあります。

ぜひ、あなたにふさわしい「かわいい♥」を取り入れて、楽しんでくださいね。

Princess Mind 13

お姫様は、「かわいい♥」を表現する「アーティスト」でもある。

部屋の壁は「かわいい♥」を表現するキャンバス!

女の子はみんな、**自分自身の「かわいい♥」を表現するアーティスト**です。
これは、お姫様としての才能のひとつです。
まず身近で、すぐできるところからはじめてみましょう。

あなたの部屋に必ずあるもの。そして、必ず目に入るもの。
それは……壁です!
ここに、視覚的に「かわいい♥」を味わえる工夫をしてみるのです。

まず、壁に貼る素材を探しましょう。
あなたの感性に従って集めてみます。
どんなものでもよいのです。紙素材が軽くて価格帯もお手ごろなのでおすすめです。

雑誌の切り抜きや、ネットでアップされているフリー素材を印刷してみてもいいですね。

取っておいたけど、ずっとしまってあるかわいい包装紙やお菓子の包み紙はありませんか？

買ったままで眠っている絵はがきや、ショップのフライヤーも登場です。

かわいいもの探しで見つけたものを、写真印刷してみるのもおすすめです。


まずはあなたにとっての、かわいいものを1か所に集めましょう。

そしてじっくりそれらを観察します。

そして**「わたしはいま、どれが好き？　わたしを幸せにするかわいいは、どれ？」**と自分の心と対話してみてください。

心に聞いてみると必ず反応が起こります。

「これがかわいい！」と、必ず胸のあたりがワクワクするように反応するはずです。

「かわいい♥」を選んだあとは、あなたの心の赴くままに、貼っていくだけです。簡単ですね！

色合いやレイアウト（配置）にもこだわりましょう。

はさみでパーツを切り抜いたり、重ねて貼ったりするのも楽しいです。

余裕が出てきたら、画用紙に好きな文字を描いてみたり、イラストを描いてみたりするのもおすすめです！

あなたの作品ですから、ぜひオリジナルのものを貼ってみてくださいね。

貼るときはマスキングテープがおすすめです。

かわいい柄がたくさん出ていますし、貼ったりはがしたりができます。

はがれたり、落っこちてきたりしたらレイアウトを再考するチャンス。

何度でも「いまの自分にとってのかわいいは何か？」を問いかけて壁作りを楽しんでみてくださいね。

アート作品を作るときにルールがないように、この「かわいい壁作り」には、何の制限もありません。

枠にはまる必要などないのです。

子どものころに画用紙からはみ出して絵が描けないのを不思議に思ったことはありませんか？

自由に、制限なく、自分を表現してください。見本を真似る必要もありません。

あなたが気持ちよければそれが一番いいのです。

壁作りは自分の心と向き合う作業

ちなみにわたしはいま、「大好きな写真家の個展のフライヤー」「雑誌の切り抜きの美しい写真」「大好きな歌手のＹＵＫＩちゃんの写真」「卒業した学校のパンフレット」「自分の描いたフレンチトーストの絵」「大好きな作家さんのポストカード」……などを貼っています。

その前は、自分が撮った大好きな人たちの、かわいくて大好きなショットの写真をおもしろいレイアウトにして貼っていました。

服飾系の大学出身のわたしの妹は、カラフルな布の切れ端を貼ったり、刺繍《ししゅう》した作品やきらきらしたスパンコールがついたモビールをたらしたり、大好きな村上春樹さんの小説の一部をコピーしてマスキングテープで貼ったり……。

まるで壁自体が彼女のスクラップブックのよう。個性的なセンスで、視覚を楽しませてくれます。

ある日突然、気分によって、何かを変えたくなっても大丈夫。

そうしたら、また新しいアート作品を作るつもりで、何度でもトライしてみましょう。

いつだってあなたのキャンバスは、あなたの素直な心の動き、感性を表現する場なのです。

この壁作りをトライしていく中で、自分の心と向き合えるようになり、自分の中の「かわいい❤」と感じる感覚がだんだんハッキリとしてきます。

あなたを幸せにする「かわいい❤」をたくさん感じるために、ぜひ壁を使いましょう。

わたしはこのようにレイアウトをして楽しんでいます。

Princess Mind 14

お姫様は、「かわいい香り」を知っている。

「かわいい香り」ってどんな香り？

女の子は「いいにおい」「いい香り」がとっても大好き。

「いいにお〜い♥」と言っているときの女の子は、とっても幸せそうで、すごくかわいいですよね。

あなたは「かわいいにおい」「かわいい香り」と聞くと、どんなにおい、香りが思い浮かぶでしょうか？


赤ちゃんのミルクのようなにおい。

甘〜いお菓子や果物のにおい。

可憐なお花の香り。

石けんの香り。

人の数だけ、思い浮かべるものがあるでしょう。

ぜひまわりの人とシェアしてみてください。

きっと、あなたの「かわいい♥」の幅が広がります。


わたしも例にもれず、「いいにおい」「いい香り」が大好きなひとりです。

お気に入りのポプリを置いたり、引き出しの中にサシェをしのばせたりしています。また精油をたらしたお風呂に入ったり、散歩中にふいに漂ってくる「いい香り」に出会うのも楽しみ。


イラストレーターになる前は、タイ古式療法やアロマテラピーを教わり、お店で施術させていただいたり、アロマオイルを扱うお店で働かせていただいたりしたこともあります。

そのときに学んだことは、嗅覚からの情報が、肉体・精神・スピリチュアリティすべてに働きかけるということでした。

香りの力には、はかりしれない力があると感動したものです。

幸せな気持ちを呼び起こす「思い出の香り」

香りを感じる「嗅覚」は、わたしたちがもつ五感の中でも**記憶と一番結びつきやすい。**こんな話を聞いたことはありますか？

中国では、歴史や民話を伝えるときに、香料や芳香剤の入った壺《つぼ》を回したそうです。

そして、話を聞いた人が別の人に伝えるときに、そのときの話を思い出しやすいように、話を聞いたときと同じ香りの壺を回すという習慣があったそうです。

あなたの大切な記憶と結びついた思い出の香りは、あなたにとっての愛《いと》おしい香りです。

その香りをかいだだけで、一瞬でマインドをチェンジしてしまうくらいの魔法の力があるのです。**あなたを幸せな気持ちにしてくれる香りが、あなたにとって**

の「かわいい香り」です。

誰にでも、「思い出の香り」というものがありますよね。思い出してみましょう。

目を閉じてリラックスして、想像してみてください。

わたしたちの脳はとても優秀です。かつて自分を幸せな気持ちにしてくれた香りは、覚えているはずですよ。

それは、下校時間の帰り道の雨のにおい、

お母さんが焼いてくれたプディングのにおい、

好きな人のつけている香水の香り、

気持ちがいい初夏の、ラベンダー畑の香り……。

きっと素敵なエピソードが一緒に思い出されるのではありませんか？

その一つひとつが、あなたを幸せにする、小さなかわいい宝物なのです。

Princess Mind 15

お姫様は、「かわいい音」を知っている。

吸収するように聴くと心がときめく

「音」「音楽」には、魔法の力があります。

音は波動ですので、ダイレクトに体や心に響きます。

そして、わたしたちの感情を解放させてくれたり、こわばった心や体をほどいてくれたり、意識を転換させてくれたりします。

音楽療法のように、セラピーや医療でも用いられていますね。


あえて音楽を聴いたり、セラピーの音を聴いたりということをしなくても、日常にもたくさんの音があふれています。

意識して耳を澄ましてみてください。

この世界には、幸せなときめきを感じさせてくれる音があるのです。

心がときめきを感じた音が、あなたにとっての「かわいい音」。

自分の感性が「ここちよい」と感じることがポイントです。
そんな**「かわいい音」は、お姫様であるあなた自身へとチューニングしてくれます。**

わたしも意識を向けることで、日常の中で「かわいい音」がすごくたくさんあることに気がつきました。

そして、それを**意識して自分に吸収してあげようとすると、小さなときめきや幸せをたくさん感じることができる**ことに気がついたのです。


わたしの住む北杜《ほくと》市は八ヶ岳の麓で、豊かな自然があります。

住んでいる家からも、車で少し走るとわき水があります。

その近くではずんで踊るような水の音を聴いていると、とても浄化されるような感覚になります。

生まれたての水の音のような、かわいらしい音なのです。

その先を流れる小さな小川のせせらぎも、とても愛おしく感じる音です。

虫の鳴き声や、かえるの鳴き声も、小さな命を感じて、とてもかわいらしく感じます。


朝早く起きると、たくさんの小鳥たちが鳴いています。

つがいのツバメがおしゃべりするように鳴く声がとてもかわいらしいのです。

家の玄関にツバメが巣を作ろうとしたのをきっかけに、鳴き声が聴き分けられるようになりました。


また、音楽のわたしのお気に入りは、**橋本翔太さんの「ピアノレイキ」**です。

自然の音に、気を乗せて演奏したピアノを合わせた音楽なのです。

自然の中の生き物の音、波の音、小鳥の鳴く声、虫の羽音、雨の音……とともに流れるピアノの音。優しくて、大切なものがたくさんつまっています。

この音楽はじつは、幸運にもお仕事を通して体験させていただきました。
橋本翔太さんの『しあわせな恋がはじまるCDブック』（サンマーク出版）のカバーや本文にわたしのイラストを使っていただいたのがきっかけです。
橋本さんのCDは、都会の雑踏の中でさえ、イヤフォンをして聴くと、どこにいてもそこが天国みたいになるのです。わたしにとっての魔法の音です。

聴いた瞬間、ハッピーな思考に変わる魔法の音

自然の音や音楽以外でも「かわいい音」はあります。

最近素敵なアイテムを見つけました。

ある方の家に遊びに行き、ドアを開けた瞬間、天国から聴こえてくるような愛に満ちた音が鳴り響きました！

とても素晴らしいベルチャイムがあったのです。

あまりに美しく優しい音色に感動してしまい商品名を教えていただきました。

「グレゴリオチャイム ソプラノ」というものだそうです。

その方は、「わたしにとってのかわいいもの、好きなものがわたしの心を平和に豊かにしてくれる。だから、そういうものに囲まれて暮らしたいの」とお話ししてくれました。まさに、お姫様の習慣ですね。


さっそくわたしの家にも、そのベルチャイムを届けてもらいました。

どんな考えごとをしていても、**嫌なことがあっても、ドアを開け、その音を聴いた瞬間にハッピーな思考や感情に切り替えさせてくれる**のです。

もちろん、ベルチャイムではなくても、あなたの感性にぴったりの、その音を聴いた瞬間にハッピーになれる音があるはずです。

ぜひ、素敵な音や音楽を、見つけて取り入れてみてくださいね。

Princess Mind 16

お姫様は、自らかわいいものを生み出す「クリエーター」でもある。

かわいい魔法のアイテム作り

最近、何か手作りした体験はありますか？

あなたが自分のために作ったお気に入りのかわいいアイテムはありますか？

「かわいいもの作り」は、**自分の願いをかなえてくれるダイレクトな方法**のひとつです。

「こんなものがあったらかわいいな！」を「好きな色」で、「好きな素材」で、「好きなパーツ」を使って、作ることができるのです。

インターネットで探せば、いろいろなものを作る教室やワークショップがあります。

そういうものに参加してみるのもおすすめです。

キャンドル教室、羊毛フェルトの教室、ぬいぐるみ教室、リース教室、ポーセリンアート教室、アクセサリー教室……。

わたしも知らない、経験したことがない世界がまだまだたくさんあって、見つけるたびにワクワクしています。


わたしは陶芸教室で、小さな鉢を作りました。

きれいな形に作れなかったし、思ったよりずっと縮んで小さくなってしまっても、ただただ「かわいい♥」のです。

絶対に割りたくないし、もし割れてしまっても、直して使うと思います。


自分の手を動かして作るものは、どんなものでも、「あなたらしいかわいさ」を表現することができます。

そして出来上がったアイテムは、何ともいえないかわいさなのです。

まさに、**あなたの作り出すものは、あなたの分身です。それを大切にかわいがる体験をしてみましょう。**

とても自分を満足させてあげる至福体験になります。

わたしも実践するかわいくなるおまじない

あなたがかわいいものを作るとき、ぜひトライしてもらいたいちょっとしたコツがあります。

「かわいくなーれ！　かわいくなーれ！」と、魔法をかけるような気持ちで念じながら作ること！

とてもうまくいくおまじないです。

じつは、わたしにデッサンを教えてくれた先生の絵の描き方のコツを応用したものです。

「まるいものを描くときは、『まるくなれ、まるくなれ……』」、布のようなテクスチャーを表現したいときは『布になれ、布になれ……』と念じながら描いてみて！

そうすると、手がそういうふうに動いてくれるから！」

と、先生はわたしに教えてくれました。

わたしがかわいいものを描くときに心がけていることは、これしかありません。
そして同じように、**何かもの作りをするときもこれしか考えていません。**
そうすると、結果「なんてかわいいの❤」と感じるものに仕上がります。
だます気持ちはありませんが、だまされたと思って、ぜひ試してみてくださいね。

Princess Mind 17

お姫様は、自分が「かわいい♥」と感じるものだけを選び、惜しみなくお金を使っている。

自分を幸せにするためにお金を使う習慣

自分を幸せにするためにお金を使うという習慣は、とても豊かな発想です。

買いものをするとき、「実用性があるから」「安いから」「欲しかったものに似ているからこれでいいか」……こんなふうな理由で選んでいませんか？

もしくは、「かわいい♥」と思っても、（買える範囲のものなのに）無駄遣いになると思ってがまんしてしまうことはありませんか？

自分を幸せにしてくれるものと知りながら、ずっと買わずに過ごして後悔した経験がわたしにもあります。

中学生のころ「MILK」というブランドのワンピースに一目惚《ぼ》れ！　強烈に「かわいい♥」と感じた体験でした。

しかし当時のわたしには高くて手が出せず……。

「いつか買いたい！」とあこがれ、似たようなデザインの安価なものを買って自分をごまかしつづけていました。それは、少し思いきったら買える年齢になってもつづきました。

ようやく「いまなら買える！　買おう！」と意気揚々とお店に行き試着してみると……。「あれっ!?」。なんと、いまのわたしには全然似合わず愕然《がくぜん》としました。

あなたも、こんな経験がありませんか？

女の子は、素敵なお姫様なのですから、**目に映るものやふれるものは、自分を幸せにするかわいいものであるべき**ですよね。

それをひとつでも多く見つけてあげて、気がつくことができたら、日常の中に「かわいい♥」を増やすことができます。

そして、それを目にするたび、ふれるたびに、女の子は幸せを感じるのです。

幸せの連鎖を起こすお買いものをしましょう

便利だからとか、安いからとか、そういう視点は一度横に置いておきましょう。

直感で「かわいい♥」とあなたの心が反応するものを選んでみましょう。

頭で考えるのではなく、ハートに従うのです。

わたしたちの脳には、知らず知らずのうちに、小さなころから（はたまた前世から!?）いろいろな○○禁止の刷り込みがあります。

「無駄遣いをしてはいけない」

「贅沢《ぜいたく》品は悪」

「お金を使うときは、誰かの許可を得ないといけない」

など、幸せに向かう行動を妨げてしまう単なる思い込みが存在します。

「かわいい♥」に従う行動は、無意識のうちに自分自身にかけているブロックを

取り除いてくれることもあります。

「かわいいとは思わないけど安いから買った」

「欲しいけどがまん」

このように、いつもあまり気に入っていないものを選んでしまったり、欲しいのに（そして買えるのに）がまんしてしまったりする習慣は、常に不満や不足感のストレスをもつことに気がつきました。

でも、お店でかわいいもの（たとえば洋服やアクセサリー、小物）を見つけたとき、

「かわいい！（瞬間的な反応）」

↓

「欲しい！（欲求）」

「これがおうちにあったらどんなに素敵だろうな（いい発想・想像）」

← 「よし、買おう！（選択＆行動）」

← 「わーい。幸せ！（結果）」

と、このように、**欲求と行動が一致しているときは、ストレスがありません。**

そして、わたしのまわりの幸せなお姫様は、この一連をスムーズにできていることがわかりました。

自分で自分の願いをかなえて、ハッピーな状況にもっていくことができる女の子なのです。

このような**自分の「かわいい♥」を無事手に入れる経験を増やすと、幸せの循環が起きます。**

Princess Mind 18

お姫様は、「かわいい♥」の原点を忘れない。

思い出の宝箱を開けてみよう

子どものころに「かわいい❤」と感じていたものは何ですか？

おもちゃの宝石の指輪。ユニコーンの置物。
海岸で見つけた小さな桜貝。
美しい長い髪の着せ替え人形。
映画に出てきた変身用の魔法のステッキや虹色のペン。
大きくてフワフワのネコのぬいぐるみ。
リボンのついた手鏡。
キラキラした粉のお化粧道具。
魔法がかかったような不思議な絵本……。

わたしの記憶の中には、これらのたくさんの「かわいい宝物」があります。

きっと、**すべての女の子はそれぞれ素敵な「かわいい宝物」がいっぱいつまった「思い出の宝物箱」を持っているのではないでしょうか？**

宝物箱を開ければ、大人になったいまも、わたしたちをピュアな気持ちに戻してくれます。安心と安らぎを与えてくれるのです。

「子どものころに『かわいい♥』と感じていたものは？」と質問すると、みんな目を輝かせて、まるで少女のように話してくださるものです。

それは、そのときの気持ちや体験を宝箱から取り出し、タイムスリップしているからなのでしょうね。

あなたも、「思い出の宝物箱」を開けて、あなたにとっての宝物を探しに行きましょう。

あなたの「かわいい♥」の原点に帰る

大人になってからの好きなものや「かわいい♥」と思うものは、子どものころの好きなものが原点だったりするのです。

だから、あなたの「かわいい♥」の原点にたまには帰ってみませんか？

子どものころにあこがれていたかわいいヒロインのアニメを観たり、そのグッズを手にしてみたりする。

ぬいぐるみ売り場を歩いてみる。

昔好きだった絵本を開いてみる。

どんなことでもいいのです。

わたしの場合は、小さくてかわいい「小石」を探し、集めて友達と交換する遊びが好きでした。

雨に濡れた砂利道や河原を歩いていると、そのときのピュアな気持ちがよみがえり、夢中で「かわいい♥」石を探し、拾ってしまいます。

天然石屋さんを見つけると、吸い込まれるように入ってしまい、宝物を探すようなワクワクした気持ちになります。

また、動物が大好きな子どもだったので、動物園や牧場、ペットショップなどに行ってみました。

時間が経つのを忘れてしまうくらい胸がときめきであふれました。


子どものころに好きだったものは、無垢な心で世界とふれ合っていた心を呼び起こし、大人になるにつれて閉ざされてしまったさまざまな心の鍵を開かせます。

ぜひ、いまのあなたの日常に取り入れてみてくださいね。

Princess Mind 19

お姫様は、花や緑に囲まれて暮らしている。

本来の自分に整えてくれる植物の力

同じものを見ているはずなのに、とても感動するときもあれば、何も感じないときもあります。そのような経験が、あなたにもありませんか？

心が健康でないときは、「かわいい❤」と感じる感覚が弱まったり、かわいいものを発見する感性が鈍ります。

それは、不安なものや、不足している部分にフォーカスしているからです。

わたしたちは、自分自身の精神状態によって、生きている世界が変わったように感じます。

それほど、**心の状態によって住んでいる世界は変わります。**

この世界に「かわいい❤」という感動を感じなくなってしまったら、毎日が色あせてしまい、つまらなくなってしまいますよね。

外の世界に対してそう感じてしまうときは、自分自身に対しても同じように感じてしまいます。

そんなときは、本来のかわいくて素敵な自分を取り戻すためにも、植物の「かわいい♥」力を借りることがおすすめです。

自然代替療法士の方にも教えていただいたのですが、**植物にはわたしたちを本来の自分に整えてくれる力があるそうです。**

植物は後悔したり、後ろ向きになったりすることなんて、ありませんよね？

ただ全力で自分を成長させることに集中しています。

そのエネルギーは、そばにあるだけでわたしたちの精神に作用します。

わたし自身、フラワーエッセンスやアロマテラピーなどを取り入れることで、精神状態が回復した経験が何度もあります。

生命を育てて気づいたこと

生活の中に植物を取り入れる方法の中で、わたしのおすすめは、植物を育てることです。

植物に囲まれて生活するのは、とても心によい作用をもたらしてくれますし、何かを育てるという行為も、とても日常を豊かにしてくれます。

植物を育てると、驚きと発見がたくさんあります。

成長が早いため、毎日の中に「かわいい♥」という愛おしさを感じるチャンスがいっぱいいです。

観察していくと、成長するたびに「かわいい♥」に出会いつづけられるのです。

かわいいお花が咲いたポットを買ってきたり、苗から育ててみたりするのもいいのですが、ぜひトライしていただきたいことは、「種」から育てることです。

これは実際わたしも体験してみて、わたし自身の世界も変わりました！

数種類のハーブを種まきからはじめて育てるという、初めての体験をしたことがきっかけです。


何日も何日も待ちこがれて……やっとひとつ芽が顔を出してくれたときはほんとうにうれしかったです。

毎朝起きては庭に出て、ただただ様子を眺めました。

おひさまをたっぷり浴びせた水を、手ですくって丁寧にあげて観察することの楽しさといったら！

生命を育てるという経験は、**愛情そのものが自分の中に存在していることをダイレクトに感じます。**

鉢の前にしゃがみこんでいると、純粋な気持ちや考えが心の中にふわっとわいてくるのです。

「植物は生きている。大切にしたい」
「こんなに生命を育むことができる地球という惑星は豊かで奇跡のような星」
「たくさんの虫だって、それぞれが大切な役割をもっている。大事な命」

そしてそのうち、

「わたしはこの世界が大好きで、この地球が大切で、生きているとは素晴らしいんだ」

という想いを日常の中で自然と感じるように変わりました。

※参考文献：『感性で拓くマーケティング』恩蔵直人編著・丸善プラネット

Chapter3

「かわいい♥の魔法」を自分にかける

〜愛される特別なお姫様になる〜

Princess Mind 20

お姫様は、「かわいいね」と言われたら、いつでも「ありがとう」と素直に受け取る。

世界はいつでも変えられる

「思考に気をつけなさい　それはいつか言葉になるから
言葉に気をつけなさい　それはいつか行動になるから
行動に気をつけなさい　それはいつか習慣になるから
習慣に気をつけなさい　それはいつか性格になるから
性格に気をつけなさい　それはいつか運命になるから」

この言葉は、マザー・テレサの言葉としてひろまっているそうですが、出所は不明とも言われています。わたしが習っていたヨガの先生に教えてもらったもので、とても気に入っています。

この言葉はわたしに、**「自分の世界は自分でいつでも変えることができる」**ということを教えてくれました。

そして、世界を変えることは、今日から、たったいまからはじめられるのです。

いままで誰かから「かわいいね」と言われたとき、どんなふうに受け取っていましたか？　何と返事をしていましたか？

まずは、**誰かに「かわいいね」と言われたら、素直に「ありがとう！」と答えてみましょう。**

「あなたは素敵だね！」と言われたとき、素直に受け取ることができるのは、とても素晴らしいことです。何より自分自身が楽しいことです。

そして、受け取ってもらえた側もとても幸せなのです！

ほめられたら素直に受け取ってみよう

わたしの大好きなミュージシャンのＹＵＫＩちゃんは、年齢を感じさせないかわいさのかたまり！

ライブの会場の方たちから「かわいい!!」と歓声が上がると、大きな声で**「かわいくてー、すみません!!!」「みなさん！　正解!!」**と、深々と頭を下げるという魅力的なパフォーマンスをしていました！

その姿がかわいすぎて、潔くて、楽しくて、ますますファンになりました。


「かわいい♥」という言葉は、女の子が言われて一番うれしい言葉なはずです。

それなのに、「全然、わたしなんてかわいくない！」と、本気で言ってしまうことはありませんか？　なんてもったいないことなのでしょう。

素直に受け取ることは、お姫様としての大きな要素です。


いままでどんな受け取り方をしていたとしても、それは昨日までのお話です。

もし難しいと感じていても、大丈夫！

つぎにほめられたときは、**「ほんとに!?　うれしい！　やったー！」**と表現して

みてもいいのです。

はずかしかったら控えめに。心の中でピースを作りましょう。

最初は「ありがとう」と言う練習でも大丈夫。

トライできそうだったら、ＹＵＫＩちゃんのように「かわいくて、すみません」と、声に出して言ってみてもおもしろいかも（笑）。

Kawaii!!
Kawaii~!
Kawaii—!!

Princess Mind 21

お姫様は、かわいさとは
外見だけではないことを知っている。
それでも、自分の外見は
パーフェクトだと知っている。

女の子の数だけ「かわいい♥」がある

自分自身をごきげんでいさせてあげるためには、自分の外見を大好きになり、楽しむことが大切です。

あなた自身は、どうでしょうか？


多くの女の子が悩むことの第1位は、容姿ではないでしょうか。

自分自身を好きになれない理由のひとつでもあります。

容姿の悩みは、体重、目の大きさや鼻の高さ、背の高さ……など女の子の数だけあるようです。

「自分の嫌いで不満な部分」があるせいで、自分は不幸せなのだと思い込んでしまうことも。

もちろん、容姿のかわいさは重要です。でも、「かわいい♥」見ためは人それぞれなのです。

「太っているから愛されない」とか、「やせているからかわいい」なんて、世界共通の常識なのでしょうか？

「○○だから、愛される」とか「○○だからかわいくてモテる」などという条件は、ほんとうに真実なのでしょうか？


そこにだけ意識を向けていると、自分のかわいらしさを認めてあげることができなくなってしまいます。

わたしのまわりには、体型や外見は関係なく、誰からも愛されるかわいい女の子がいます。あなたのまわりにもいませんか？

男の子に聞いてみるとわかる女の子のかわいい部分

異性である男の子に聞いてみると、顕著にわかることがあります。

それは「男の子にとっては、女の子である時点ですでにかわいい」という真実です。**「かわいい❤」と感じる対象自体が、圧倒的に「女の子そのもの」**なのだそうです。

「そもそも女の子は、男の子にとって、かわいい形をしている」「愛される容姿の特徴をもっている」ということを教えてもらいました。

女性と男性は、かわいいと思う感性のずれがあるとよく聞きますが、ここにもそれがよくあらわれています。

それでも、自分が「○○だから、絶対かわいくない！」と思ってしまう要素はありますか？

「わたしは○○（自分が嫌いな容姿の部分）だから、かわいくないの。愛されないの！　わたしの人生死ぬまで不幸なんだ」

試しに、口に出して言ってみましょう。

「ほんとうにそうなのだろうか？」と気がつくはずです。

勇気を出して、人に話してみるのもおすすめです。

誰かがあなたの思い込みを塗り替えてくれることもあります。


わたしの場合は小さい鼻にコンプレックスがありました。

でも、すっと鼻の高い美人な女の子から「〝ぱくっ〟としたくなるかわいいお鼻だね。そういうお鼻がよかったんだ」と言われました。

また、太っていることを気にしていたら、「十分かわいいのに、ぜいたくだよ！」とすごく怒られました。

ほくろが多いことを気にしていると、かわいい女の子から「わたし、ほくろが多い人が好きなの。みきちゃんの顔大好き！」と言われました。

わたしもまた、「わたしは目が一重だからかわいくない……」と言う友達に、「切れ長の目は美人の証拠だよ。素敵だなって思っていた！」と言ったこともあります。

一説によると、わたしたちは生まれる前に、いまの人生を設計してきているそうです。

そのときに、**自分の外見を、まさにパーフェクトに自分自身で望んで選択してきている**というお話。聞いたことがありませんか？

わたしたちは初めから、十分かわいくて愛される形をしています。

あなたが思っている以上に、あなたはかわいい女の子なのです。

Princess Mind 22

お姫様は、うまくいかないときも、
ネガティブになってしまうときも、
日々の変化のリズムとして受け入れている。

女の子はお月様

夜空に浮かぶ神秘的な月には魅了されますよね。

わたしたち女の子は、昔から「月」にたとえられてきました。


ヨガの先生がわたしにこんなお話をしてくれました。

「お月様は、真っ暗闇の新月から、だんだん形を変えていって、こうこうと輝やく満月にもなります。そして、また暗闇に戻っていきますね。

女の子もそれと同じなのです。わたしたちには変化するリズムがあります。

だからいつでも太陽のように、明るく力強くこうこうと輝いている必要はありません。

わたしたちは、いろいろな状態のときがあるのが普通なのです。気持ちも体も変わっていくのが女の子。

だから、いつでも心と体の声を聞いてあげてくださいね」

このお話、わたしはなるほどなあと納得してしまいました。


月のように変化があって当然。

自分を愛そう、まわりに優しくしようと心がけても、**何だかうまくできないときもある。いつも明るくポジティブになんてできない。**

それでOKなのです。そんな女の子らしさを受け入れましょう。

これもお姫様としての特徴なのです。

「この間とはちょっと違う」と言われてしまっても、大丈夫。

けっして「気分屋」なんていう悪いジャッジをしないでくださいね。

変化するのは女の子の特権なのです。楽しみましょう。

体のサイクルに向き合う

体だって、当たり前のように変わっていきます。
日常の中で、自分の体調や感情の変化のリズムを感じやすいのが生理です。
わたしはこのお話を聞いてから、よりいっそう生理を大切にするようになりました。
「女の子としての自分の体をかわいがる」とは、**女の子特有の体の症状をいかに大切にできるか**ということにもつながります。

自分の心と体を愛するという意識は、「布ナプキン」を使いはじめたことが、大きなきっかけとなりました。使いはじめて2年経ちます。

一番変わったのは、生理そのものに対する気持ち。以前はめんどうくさくて、わずらわしいものだったのですが、生理が来るのが待ち遠しくなりました。

いまではいつも楽しみにしています。

体のサイクルの神秘的なものと大切に向き合うような、そんな貴重な体験になっています。

このきっかけから「自分の体をもっと知りたい」「もっと自分の体を大切にしたい」という愛情が自分の中にわいてきました。

いまは、毎日30分程度の半身浴を続けたり、「冷えとり健康法」というものに取り組んだりしています。

また、ネイティブハワイアンの伝統的な問題解決法である「ホ・オポノポノ」で提唱されている「ブルーソーラーウォーター」（青い瓶に水を入れて太陽光に当てて作る浄水）を使った温かい飲み物をとるようにもしています。

自分を大切にする習慣をもつと、意識的に「自分をかわいがろう」という気持ちが日常的に芽生えます。

大雪が降った翌朝、快晴だったのでこのように「ブルーソーラーウォーター」を作りました。

Princess Mind 23

お姫様は、まわりの世界と
自分の内側が
つながっていることを知っている。

外側の世界はあなたの映し鏡

あなたのまわりに、「この人はほんとうにかわいいな」と感じる人はいませんか？

その人はどんな人でしょうか？

どんな部分に、あなたは「かわいい♥」という魅力を感じているのでしょうか？

考えてみましょう。

そして複数人いる場合は、何か共通点がないかを考えてみましょう。

「おしゃれで素敵な先輩」

「つらいことがあっても、明るい笑顔でポジティブに取り組んでいる友達」

「素直で飾らない、男の子にも女の子にも人気のあるかわいい同僚」

「一生懸命自分の夢をかなえるためにがんばっている女の子」

「その人がなぜかわいいのか」を正しく理解していくことで、見えてくる真実があります。

それは、**「あなたが気づく他人の要素は同じようにあなたにもある」**ということ。

「人は自分の鏡」だという言葉、聞いたことはありませんか？

わたしたち人間は、無意識のうちに相手やまわりの出来事に対して、自分自身を映し出します。

自分の中にあるものが反映され、それを事実としてとらえるのです。

事件やハプニングが起きたときも、まず自分の内面を見なさいというのは、そのためです。

もちろん、ポジティブなもの、素敵なものを外側に見つけたときも同じです。

わたしたちは、**自分自身がもっているものでなければ、外側の世界に見つけ出すことはできません。**

あなたのまわりにいるかわいくて、素敵な女の子の、かわいいポイントというのは必ずあなたの中にあります。

その人の魅力は、あなたの魅力なのです。

不思議に感じるかもしれませんが、ほんとうにそうなのです！

あの子の魅力はわたしの魅力

「えー、信じられない！　自分にはないから魅力的に感じると思っていた！」

そう感じてしまいますか？

そのような気持ちは、「わたしにはない、あの子にはある」という架空の事実を自分の中に作り上げてしまっています。もったいないですよ。

もし信じられなければ、ここで、実際にトライしてもらいたいワークがあります。

それは、**あなたが「かわいい♥」と感じる女の子とメールをしてください。**

それは家族であっても、友達であっても、職場の方や目上の方、どんな相手でもかまいません。

「お互いの『よいところ』『かわいい♥』と思うところを、思いつくだけ箇条書きにしてメールで送り合う」ということを一度やってみてほしいのです。

相手から返ってくる、意外なかわいくて素敵な自分に気がつくきっかけになります。

そして、その中には、自分が相手に感じていた魅力が入っていることに気がつきます。さらに、ワークを一緒にしたその相手とは間違いなくもっともっと仲良くなれます。

ひとつでも多く、自分では嫌いだなと思っていた部分が、好きに変われたら、あなたの世界がハッピーになります。ぜひ試してみてください。

ちなみに、これはかわいい女の子に限定されることではありません。

＊かわいくて好きな動物

＊かわいくて好きなキャラクター（漫画やアニメの主人公、ドラマのヒロイン）
＊かわいくて好きな色

それぞれ思い浮かべてみましょう。

「素敵」「かわいい❤」と思っているものやキャラクターの特徴は、**あなたが無意識に理解している、あなた自身のかわいい特徴です。**

自分自身にあるものを、それらに投影しているのです。

できれば友達と「なぜ好きか」「どんな理由か」を話してみると楽しいですよ。

お互いのよいところをたくさん知ることにもつながります。

ゲーム感覚で、楽しんでくださいね。

Princess Mind 24

お姫様は、好きなことをして、
かわいいエネルギーに
満ちあふれた笑顔を振りまいている。

好きなことをしているときがとびきりかわいい

あなたの好きなことは何ですか?

1日のうち、1週間のうち、1か月のうち、その好きなことができる時間は、どのくらいありますか?


わたしがたくさんの女の子と接して感じたことがあります。

それは、**「好きなことにふれているときの女の子は、とびきりかわいい」**という事実です。

好きなことを「好きなの!」と言っているときの女の子の笑顔に、「きゅん♥」となったことはありませんか? わたしは何度もあります。

そのときの女の子は、幸せそうでよく笑っています。声のトーンもはずむように、高くなります。

ほんとうにすごくかわいいので、隠し撮りして本人に見せてあげたいくらいです（笑）。

あるとき、お友達で集まっているとき、ひとり不機嫌で無愛想に見えた女の子がいました。

少し経ってから、その子が「わたしこのミュージシャンがほんとうに好きなの！すごくライブを楽しみにしているの！」と心から素直に言っている姿を見たとき……「かわいい♥」と感じました。

さっきまでの印象と全然違うのです。「この子、こんなにかわいかったんだ」と思いました。女のわたしでも、心をわしづかみにされてしまうほどでした。

たくさんの人に「女の子がかわいいと思う瞬間は？」と聞いてみました。

すると、多くの方が「笑顔」と答えてくれます。「女の子が笑っていれば、すべてはうまくおさまる」と言う人がいるくらい（笑）！

女の子の笑顔はまわりにもよい影響をもたらします。

では、「笑顔」になるときって、どんなときでしょうか？

自然と答えが出てきますよね。

そうです。好きなことにふれているときです。

好きなことをして内側からエネルギーに満ちているとき、**自然と胸がときめいて笑顔があふれたときのあなたは、とっても「かわいい♥」**のです。

あなたのかわいくて素敵な瞬間を、じつは他の人たちの方がたくさん知っているかもしれません。

かわいいエネルギーに満ちあふれているあなたの笑顔に、まわりの人たちは、元気をもらいます。そして同時に、「かわいい♥」と思っているのです。

好きなものを好きだという気持ちを大切に

普段忘れてしまいがちなのですが、わたしたちの人生はいつか必ず幕を閉じます。すべての人の生きている時間は限られています。

その中で、**好きなことをして、自分を満足させてあげる時間はたくさんあった方がいい**と思いませんか？

「〜しなければならない」にしばられすぎてしまうと「〜したい」「〜が好き」という気持ちは抑えつけられてしまいます。

ですから、まず**あなたの「好きなものを好きなのだ」という気持ちを大切にしてあげましょう。**

自分自身にそれをさせることを許してあげましょう。

あなたの人生は、あなたの好きなように生きていいのです。

好きなことをして、幸せを感じていいのです。

誰が何と言おうと、あなたが好きなことは、素敵なことなのです。

Princess Mind 25

お姫様は、自分の名前を
とても丁寧に扱う。

名前を大事にすると運気がよくなる

あなたは自分の名前が好きですか?

大切にしていますか?

あるスピリチュアルの専門家にお聞きした、名前に関するハッピーになる秘訣《ひけつ》をご紹介しますね。


「わたしたちには、一人ひとりの名前があります。

それは大切な『わたしだけ』の特別な持ち物です。

この人生が幸福に満ちた素晴らしいものとなりますようにと、一番初めにプレゼントしてもらう名前。

それを大切にすることで運気の流れは非常によくなります。

そして、自分の名前を好きなのか嫌いなのかということが、その人の人生に大きく影響を及ぼします。

自分の名前を大好きでいて、大切に扱っている人は、人生の流れもその通りよくなるのです」


いかがですか？

自分の名前をどう扱っているかを見直してみましょう。

日常の中で、自分の名前を大切に扱うことができるチャンスはたくさんあります。

わたしのおすすめの習慣は、**「自分の名前を丁寧にきれいに、心を込めて書く」**ということです。

たとえば、クレジットカードのサイン。

申し込み用紙の名前の欄。

試験の解答用紙に書く自分の名前。

宅配便や伝票に書くサイン。

手紙の差出人の部分。


つぎに何か書くチャンスがあったら、ぜひチャレンジしてみてくださいね。

どういう行為をするかが大切なのではなく、**「どんな気持ちでそれをするか」が大事**なのです。

そのエネルギーは、まわりや相手にも伝わります。

名前を大事にすることは自分を大事にすること

わたしは子どものころに書道を習っていました。

作品の左横に自分の名前を書くとき、とても集中して大切に大事に書いていました。

そのような経験もあり、自分の名前を丁寧に書くことを重視している方だと思います。

いまも自分のイラストレーターとしての屋号は、本名をそのままひらがなにした「たけいみき」。

サインをしたり、デザインで入れるときなど、心を込めて自分の名前を大切に扱っています。

このことは、そのまま**自分を大切にすること、愛することにつながっています。**

試しに、自分の名前をきれいに書く練習をしてみましょう。

きっとあらためて自分の名前が好きになるはずですよ！

Princess Mind 26

お姫様は、自分らしい
おしゃれを楽しんでいる。

自分にときめくファッション

「あなたはじつはお姫様です」

そんなふうに、突然知らされたとしたら、あなたはどんなファッションを選ぶでしょうか？


あなたは自分をもっと輝かせるために、おしゃれをおもいっきり楽しんでいいのです。


どんなファッション、どんなメイクでどんなスタイルであったとしても、その人がそれを心から「かわいい♥」と思えることが、一番大切。

自分自身の個性、ファッションを楽しみましょう。

そして、**心から「かわいい♥」と思う自分を表現することを恐れずに！**

街にひとりでもそんな女の子が増えたら、この世界のハッピー度がぐーんと上がります。着たい色を着て、着たい服を選んで、したいメイクをして、したい髪型をすればいいのです。

自分はこれが、ものすごく素敵でかわいい、と堂々としていれば、そのファッションはあなたに似合ってくるものなのです。

お気に入りの服を着て、かわいい髪型をして、
大好きなバッグを持って、とってもおしゃれな靴を履いて……。
そんな日は、一日中自分にときめきませんか？

街に出て気がつくことは、「女の子のファッションの多様性」です。
いかにいろいろなタイプの女の子がいるかがわかりますよね。
レディースの洋服のブランドや店はたくさんあります。
雑誌もさまざまなジャンルのファッション誌が発売されていますよね。これだけたくさんの洋服やアクセサリーがあるのに、試さないなんてもったいない！

いくつになっても自分らしいおしゃれで楽しむ

女の子に生まれた特権は、「女の子であるかわいい自分を楽しむ」ことです。
いくつになっても「自分らしいおしゃれ」をしている女の子はとっても素敵に見えます。

わたしたちはいつも「いま」を生きています。**「いま」着たいかわいい服を着て、「いま」のかわいい自分をエンジョイしましょう。人生はその連続です。**

「この服を買ったら、どこに着ていこう！　何をしよう」

かわいいファッションアイテムは、夢を膨らませてくれるのですよね。

この世界には、お姫様であるあなたを幸せで満たしてくれるスペシャルなかわいいものと、かわいいに関するスペシャリストがいっぱいです。

ぜひたくさんの「かわいい♥の魔法」を使って自分を楽しませてくださいね。

NON-VERBALES

Princess Mind 27

お姫様は、大好きな自分を写真に撮ってもらうのが大好き。

かわいい自分のかわいい写真を撮ろう

わたしの願いは、**「あなたのファン第一号は、あなた自身でいてほしい」**ということ。

そのための方法のひとつが、自分の写真を撮ることです。

1枚でも多く、あなた自身の写真を撮ってほしいのです。

スタジオで撮るという手もあるし、プロのカメラマンに依頼してもいいし、友達にお願いして撮ってもらっても、スマートフォンで自撮りしてもOK。

そしてその中から、心から「かわいい♥」「この自分の写真、なんか好き！」と思える写真を1枚でも多く見つけてください。

集合写真で最初に探すのは誰でしょう？

鏡に映った自分を見るのは、なぜでしょう？

大切な自分が、かわいく素敵でいてほしいのは、女の子だったら誰でも同じ。

かわいくて素敵な自分にたくさん出会うために、どんどん写真に撮ってもらいましょう。

ベストな角度と視点を探そう

わたしも趣味で写真を撮ります。

その人を知れば知るほど、素敵なシャッターチャンスというものに巡り合え、純粋にとても楽しく素晴らしいものです。

わたしがその人の「ここが素晴らしい！」「大好き！」「美しい！」と感じているものがあって、それを「このシチュエーションで」「この角度で」「このトリミングで」などとこだわっていくと、その人の美しさは無限大。

これは、学生のころ通っていた絵の学校での経験がきっかけです。

授業の中でモデルさんをデッサンするという時間がありました。

「モデルさんのまわりを歩いて、**いろいろな角度から見て、自分が『ここからが一番美しい！』『このラインが描きたい！』という線を見つけなさい**」

という教えがありました。

それが私の中に密かに息づいていて、何かを描くときや、何かを作るとき、表現するときに「角度」「視点」というものを大事にしています。


このように、さまざまな角度や視点で写真を撮りながら自分を見ていくと、新しい自分を発見できます。

そして、自分に対してのセルフイメージが変化するのにも気がつきます。

ぜひ、試してみてください。

Princess Mind 28

お姫様は、「お姫様ノート」でセルフカウンセリングしている。

お姫様ノートとは？

幼稚園から高校まで、塾も一緒だった幼なじみがいます。

わたしがまだイラストレーターの仕事をはじめる前のこと、久しぶりに再会した彼女は、「コーチング」を仕事にしていました。

「やりたいことがあるけれど、何もしていない自分をせめてしまうばかり」というわたしの話を聞き、「それなら絶対書くことだよ！」とブログを開設してくれました。

よく、「願いは書くとかなう」と言いますが、意識化することで、いまの自分と目標への道のりを整理できます。

一つひとつの歩みを、自分の成長として確認できて励みにもなる。どんなときも自分を応援してくれる、一番のツールでした。

いまでは、ブログとは別に、**日々の「何でも」を書くノートを併用して使っています。**アイディアや好きな言葉、デザインのラフやスケジュールなど、ざくざく書いていています。

そこで、ぜひあなたにも提案したいのが、「かわいいお姫様ノート」を作ることです。ルールは3つ。

❶ あなたがあなたのために書く
❷ あなたらしい「かわいい♥」ものを使う
❸ 一番の読者になる

これだけです。この「お姫様ノート」には、何を書いてもOK。
このノートは、どんなときもあなたの味方でいてくれます。
そのままのあなたを、正直に綴《つづ》ってOK。好きに書いてかまいません。
楽しかったこと、うれしかったことをルンルンで書いてみましょう。

でもそれだけでなく、傷ついたこと、悲しかったこと、頭にきて許せないことを、吐き出したら楽になるのであれば、それを書いてもOKなのです。

上手に書く必要なんてありません。

「書く」という行為は、素晴らしいアウトプット。

「ほんとうのほんとうは、どうだったの？」。誰にも言えないけれど、自分にだけは打ち明けられる。そんな真実が、あるかもしれません。

「わたしは今日、何を考えていたの？」
「あの出来事をどうとらえたの？」
「どんな感情をもったの？」
きっと、自分の中にたくさんの発見があります。
文字にして書くと、自分のよき理解者になれます。もっともっと自分と仲良くなるチャンス！

「かわいい♥」ヴィジュアルは心の栄養になる

ノートは、どんなものでもかまいません。

スケジュール帳やノートに直筆で書きたい人もいれば、パソコンやスマートフォンで書きたい人もいるでしょう。

書き方も、毎日書きたい人、1か月おきに書きたい人、どんなペースで書いてもかまいません。

ぜひあなたらしいお気に入りの方法とペースを見つけてくださいね。

できれば、あなたを幸せにする**「かわいい♥」ヴィジュアルを取り入れること。**

たとえば、ブログだったらかわいいデザインにしてみる。自分が「かわいい♥」と感じる画像をアップする。

日記だったら、かわいい日記帳を選んでみる。

かわいいノートを探してみる。かわいい色のペンを使う。

わたしは自分でデザインしたノートなども愛用して、何でも書いています。

かわいいシールを貼ってみる。

かわいいイラストを描いて添えてみる……。

ヴィジュアルからの「かわいい♥」栄養は、即効性があります。あなたを助けてくれ、エネルギーをくれます！


この**「お姫様ノート」には、セルフカウンセリングの要素があります。**

この間、わたしの大好きな友達が「お姫様ノート」をつけはじめました。

「自分はこう感じていたんだとハッキリわかるのが、深いところの自分を解放しているみたいで気持ちがいいです」と教えてくれました。


一人ひとりの人生には、喜びや悲しみといったいろいろなドラマがあります。

それを宇宙で一番大切でかわいくて大好きな、「あなた自身」と分かち合ってみてはいかがでしょうか？

Princess Mind 29

お姫様は、自分のストーリーを生きている。

あなたは「ハッピープリンセスストーリー」の主人公

わたしたちは、一人ひとりが主人公である物語を生きています。

そのストーリーは、自分を楽しませてくれるためにあります。

あなたの人生で、一番かわいいのは「あなた」です。

その主人公のハッピーストーリーの鍵をもっているのは、いつでもあなたなのです。

あなたのいままで生きてきたストーリーは、いかがでしたか？

どのような人生だったでしょうか？

どんな人に影響を受け、どんな失敗をし、どんなつらいことを乗り越えてきたのでしょうか？

まず、**どんな体験があっても、いまここに生きているあなたに心から大きな拍**

手を送りたいと思います。

そのときそのときのあなたやわたしが、できるかぎりの最善の選択を取りつづけた結果が「いま」なのです。

いまこの瞬間に自分の過去のすべてに、**「すべて必要だった。これで完璧だった」**とOKを出しましょう。

わたしが心の底から思うことは、**「まわりを幸せにしたいのであれば、まず、自分自身が幸せであること」**ということです。

イギリスの医師エドワード・バッチ博士も、「あなたが幸せでいることこそが、まわりにできる最大のプレゼント」と言っています。

そのためには、「自分が自分の幸せを本気で考えること」。

そして、**「自分を主人公としてハッピーエンドのハッピーストーリーを生きている」**ということを自覚することです。

自分の人生のヒロインは自分

わたしたちは、一人ひとりが素晴らしい存在です。
自分の人生は自分で切り開き、自分の責任で生きていけるのです。
ほんとうの望みを自分でかなえ、自分の意思で決定していけるのです。
それが、「自分を生きる」ということです。

自分の人生での主人公でありヒロインは、「わたし」なのです。
いつでも主語は「わたし」で考えてみましょう。
「わたしはこう考える」「わたしはこれを選ぶ」「わたしはこうしたい」……。
誰かの言いなりになったり、指示に従っていたりするだけでは、ほんとうの幸せは見えてきません。

そして、自分を生きるとは、「自分以外の何者かになることをやめる」ということでもあります。

わたしたちは、一人ひとりが誇り高いお姫様です。

お姫様にふさわしい、それぞれのハッピーストーリーを生きましょう。

それが、この本でお伝えしてきた「お姫様」という生き方なのです。

※参考文献：『フラワーエッセンスヒーリング―バッチの花療法 光の中へ』上野七歩子著／説話社

Epilogue
すべての女の子は奇跡を起こせる

やっと見つけた「かわいい♥」と「幸せ」の関係

わたしは、子どものころから「生きる意味って何だろう？」という、大きなクエスチョンをもっていました。

これは同時に、「幸せとは何だろう？」という問いでもありました。

教科書にも書いていないし、先生に聞いてもよくわからない。

どのテスト問題より難しい！

いくら悩んでも考えても、答えは一向に出てきません。


そして、「もしもひとつだけ願いがかなうとしたら何を願う？」という質問には、いつもこう答えていました。

「世界中の人が幸せになること！」

きっと、これって誰もが思う、当たり前のこと。

なのに、当たり前のことが当たり前ではない世界がとても不思議でした。

ずいぶん時間をかけて、この問いに答えを出そうとしてしまったものです。

「幸せになる」とは、日常の中にある小さな幸せを発見する能力を養うこと。

そしていまある愛に気がつくこと。

この世界の素晴らしいものにフォーカスし、それをひとつずつ見つけていくこと。そ
れをすることで心が豊かになっていくことに気がつけました。

それをわたしたちは、「かわいい♥」と心が感じるのだとわかったのです。

「かわいい♥の連鎖」で世界は変わる

この世界はとてもシンプルです。
誰かが何かを「かわいい♥」と感じて幸せになると、「かわいい♥」と言われた人もう
れしくて幸せになります。そして、それを見た誰かも幸せになっていく……という「か
わいい♥の連鎖」でできているのです。

ぜひ、**あなたにとっての「かわいい♥」をまわりの方ともシェアしてみてください。**

そして、友達の「かわいい♥」を教えてもらってください。

きっと幸せの輪が広がります。

この地球という星は、多様な「かわいい♥」であふれる豊かな星です。

わたしは、その一つひとつを発見しつづけ、死ぬまで驚きに満ちた人生を生きたいと思っています。

よろしければ、みなさまと一緒にその「かわいい♥の魔法」をかけることができたらうれしいです。

これから素敵なお姫様として生きるあなたへ

この本を執筆するにあたり、ほんとうにたくさんの方にご協力いただきました。

取材を受けてくださったキラキラ素敵なお姫様たち、質問に答えてくださったゆかいなみなさま、ゆかいすぎるよき友人たち、抜群にゆかいな家族たち、支えてくれたパートナー、理解あるお仕事関係のみなさま、大好きな人たち……。

いつも励ましてくれてありがとうございます。

この本は、けっしてわたしひとりの力では書き上げることはできませんでした。

心から感謝しております。


そして20代のころからお世話になっているサンマーク出版の金子尚美さん。

わたしを見つけてくださりほんとうにありがとうございます。

なかなか進まなかった原稿にも、「たけいさんが、原稿に納得いくまで待ちます（にっこり）」と言ってくれてほっとしたのを覚えています。

何より、出会ったころ、

「世界平和を実現するためには、芸者になって政界の人と話すのが一番早い」

という、当時の大真面目なわたしのプレゼンを笑いながらも時間を割いて聞いてくださったことに感謝しています。

出会ったころからいまも変わらず、金子さんはわたしの「心の三蔵法師」です。


この本のお話をいただいたときから数年間、わたしの生きる世界は別世界になりました。

「すべての女の子が素晴らしく尊くて、奇跡を起こすために生まれてきた」

この真実にたどり着くことができたこと、心から感謝しています。


そして、この本を最後まで読んでくださいました、あなた。

あなたがこれからどんな素敵なお姫様として生きるのか、わたしはとてもワクワクしています。ありがとうございます!!